Lorna Byrne

UN MENSAJE
DE ESPERANZA
DE LOS ÁNGELES

ATRIA ESPAÑOL

Nueva York   Londres   Toronto   Sídney   Nueva Delhi

ATRIA ESPAÑOL

Una división de Simon & Schuster, Inc.
1230 Avenue of the Americas
New York, NY 10020

Primera edición en rústica de Atria Español, enero de 2013

ATRIA ESPAÑOL y su colofón son sellos editoriales de Simon & Schuster, Inc.

Para obtener información respecto a descuentos especiales en ventas
al por mayor, diríjase a Simon & Schuster Special Sales al 1-866-506-1949
o a la siguiente dirección electrónica: business@simonandschuster.com.

La Oficina de Oradores (Speakers Bureau) de Simon & Schuster
puede presentar autores en cualquiera de sus eventos en vivo.
Para más información o para hacer una reservación para un evento,
llame al Speakers Bureau de Simon & Schuster, 1-866-248-3049
o visite nuestra página web en www.simonspeakers.com.

Impreso en los Estados Unidos de América

10 9 8 7 6 5 4 3 2 1

ISBN 978-1-4767-0042-7
ISBN 978-1-4767-0045-8 (ebook)

Porque florezca la paz en todos nosotros
y en el mundo entero

Contenido

Un mensaje de esperanza de los ángeles

Un mensaje de esperanza para estos tiempos difíciles

—EL ÁNGEL DE LA ESPERANZA ES UN FARO DE LUZ en toda nuestra vida. Él ayuda a que la luz de la esperanza arda siempre en nuestro interior a lo largo de toda la vida nuestra —me dijo el ángel—. La esperanza juega un papel fundamental en la vida de todos. La esperanza hace posible lo imposible.

Tenía unos doce años cuando un ángel me dijo eso. He visto a los ángeles y he hablado con ellos desde muy pequeña. Veo ángeles todos los días y los veo físicamente, igual que veo a alguien sentado frente a mí. Los ángeles son mis amigos y compañeros y todo el tiempo hablamos, unas veces con palabras y otras sin ellas. No tengo ni idea de por qué yo puedo ver ángeles y ustedes no. Solo soy una persona común y corriente.

Había visto al Ángel de la Esperanza antes, pero ese día que ya tenía doce años, supe por primera vez quién era ese ángel en particular y cómo es que nos ayuda.

El Ángel de la Esperanza no se parece a ningún otro de los ángeles que haya visto jamás. Parece una llama gigantesca. Dentro de esa llama que es muy brillante se me muestra una tenue apariencia humana, masculina, de un hermoso y deslumbrante color verde esmeralda, que sostiene una antorcha parecida a la llama olímpica. La luminosidad del Ángel de la Esperanza es diferente a la de cualquier otro ángel; creo que eso se debe a que es una luz dentro de otra luz.

El Ángel de la Esperanza es inmenso, tiene la misma altura de un árbol adulto. Siempre que lo veo parece estar muy lejos de mí, así que debería verse pequeño. Pero siempre luce enorme. Es muy extraño, es como si a un mismo tiempo estuviera lejísimo pero también justo delante de mí, por difícil que eso sea de entender.

Parece ir siempre en marcha, pero constantemente mira hacia atrás para animar con una tierna sonrisa a quien quiera que esté guiando en ese momento. Su expresión es de amor y de aliento.

Recientemente he visto al Ángel de la Esperanza mucho más que antes. Ahora lo veo prácticamente todos los días. En estos tiempos la gente parece necesitar mucha esperanza.

Hace muchos años, en una visión un ángel me mostró al Ángel de la Esperanza trabajando, para que pudiera entenderlo mejor. En esa visión el Ángel de la Esperanza guiaba unos soldados a través de un campo de batalla y también aparecía un soldado en particular que se arrastraba exhausto en medio del barro. Pude ver que estaba herido. El Ángel de la Esperanza avanzaba delante de él, haciéndole señas todo el tiempo de que siguiera adelante. Se me permitió mirar a través de los ojos del soldado. El soldado no podía ver al Ángel de la Esperanza, pero sí veía una luz y dentro de esa luz a sus seres queridos: su esposa, sus pequeños hijos, y sus padres ya ancianos. Dándole la fuerza para mantenerse vivo y la esperanza de reunirse con la familia que amaba, el Ángel de la Esperanza lo alentaba a no darse por vencido.

—¿Entendiste, Lorna? —dijo el ángel—. El Ángel de la Esperanza no puede detener la guerra, ni curar a este soldado, ni tampoco rescatarlo, pero puede darle la fuerza para llegar hasta donde pueda ser rescatado. —El ángel me sonrió y continuó—: Este soldado murió en su propia cama muchos años más tarde.

Esa noticia me alegró muchísimo. El amor que el joven soldado sentía por su familia era muy hermoso.

Siempre que las cosas se han puesto difíciles para mí y para mi familia he visto al Ángel de la Esperanza tratando de animarme. Esto además de mi ángel de la guarda y de los demás ángeles que siempre van a estar a mi alrededor para ayudarme.

Recuerdo una época en particular, en la que estuve muy estresada y preocupada, sin saber si mi esposo Joe podría conseguir trabajo. Había estado enfermo y sin poder trabajar largo tiempo, pero se había recuperado lo suficiente para volver a trabajar. Era la década de 1980 en Irlanda, las cosas estaban muy duras y no era fácil encontrar empleo. Teníamos tres hijos que alimentar y estaba muy angustiada, pero seguía viendo al Ángel de la Esperanza en la distancia, siempre girándose hacia mí y sonriendo para animarme. Él mantuvo ardiendo en mi interior la esperanza de que al fin Joe conseguiría alguno de los empleos para los cuales se había presentado; pasó un buen tiempo antes de que lo lograra y estuve al borde de la desesperanza, pero no me rendí. Ver al Ángel de la Esperanza me mantuvo en marcha durante ese período tan difícil y me ayudó a darle ánimo y apoyo a Joe hasta que finalmente obtuvo un empleo.

Jamás debemos subestimar la importancia de la esperanza. Es mucho lo que podemos hacer si guardamos esperanza en el corazón.

Conozco una familia cuya segunda hija nació con serios trastornos genéticos. Los doctores habían dicho a los padres que la posibilidad de que la niña caminara era mínima. La primera vez que vi a esta pequeña tendría unos nueve meses. Su papá la acunaba en sus brazos, mientras ambos padres charlaban conmigo rodeados de ángeles que eran muy altos, de un blanco brillante y translúcido, y de apariencia femenina. Casi no pude ver alas. Como todos los ángeles, estos eran extremadamente hermosos. Uno de ellos me dijo sin palabras, que esta familia no perdería las esperanzas de que su hija caminara, sin importar lo que dijeran los médicos. Mientras conversábamos, su padre puso a la pequeña en el piso y los ángeles a su alrededor empezaron a animarla a patalear y mover sus piernecitas.

El Ángel de la Esperanza apareció por un momento. Su luz era tan brillante que todo pareció esfumarse excepto los padres y la niña. Fue como si los padres pudieran ver la luz del Ángel de la Esperanza y su alentadora sonrisa y se estuvieran llenando de esa luz. Sé que cada vez que ellos han encontrado un problema más para la niña, el Ángel de la Esperanza les ha infundido el valor para seguir adelante.

El Ángel de la Esperanza es un solo ángel, pero está ahí para ayudar a todo el mundo y puede estar en muchos lugares al mismo tiempo. En este sentido es como un arcángel. Está ahí, solo por un momento, siempre que las personas necesitan una esperanza que las guíe y les dé ánimo. Claro que hay otros ángeles que también ayudan a darnos esperanza.

Veo un ángel de la guarda con cada persona, sin importar su religión o nacionalidad. Jamás he visto a alguien, en ninguna parte del mundo, que no tenga su ángel de la guarda. Tu ángel de la guarda está contigo desde antes de tu concepción hasta después de tu muerte y jamás te abandona ni por un momento. Te ama incondicionalmente y hará todo lo posible por guiarte y mantener tus esperanzas a lo largo de toda tu vida. Tu ángel de la guarda puede permitir que otros ángeles también te ayuden.

Tal vez un año más tarde, vi a la niña de nuevo. Estaba con muchos adultos y pasaba de unos brazos a otros, siendo el foco de atención y de amor de todo el mundo. La vi radiante, y los ángeles me dijeron que era por todo el ánimo que toda su familia le estaba dando a esa pequeña. Era claro que todos estaban escuchando a sus ángeles de la guarda y haciendo lo que les correspondía. En un momento en que el padre puso a la pequeña de pie junto a él, fue hermoso ver a los ángeles rodearla tratando de mantener fuertes sus inestables piernecitas, para que no cedieran bajo su peso. Ahora ella tiene tres años y ya camina. Y no solo está caminando, recientemente la llevaron a la playa y empezó a correr, aunque todavía algo insegura.

Los padres y toda la familia mantienen la luz de la esperanza ardiendo por esta niña, la ayudaron a que caminara y ahora abrigan la esperanza de que aprenda a hablar bien. Esta pequeña es un faro de esperanza, y la luz de esa esperanza ha iluminado a todos los miembros de esa familia, llenándolos y dándoles esperanza también en otros aspectos de su vida. Y esto no ha ocurrido solamente con su familia inmediata, es un ejemplo que ha inspirado y llenado de esperanza al resto de la familia y a los vecinos.

Veo muchos ángeles que llevan luces delante de las personas, ayudando a darles ánimo.

Todo el tiempo veo ángeles que se esfuerzan mucho para darnos esperanza. Recientemente, esperaba en la recepción de un hotel que llegara un periodista, y los ángeles que estaban conmigo me dijeron que fuera a sentarme en el *lobby*. Allí estaba un hombre sentado frente a una mesa bajita junto a la ventana, en la mesa había algunos papeles y también un computador portátil. Cuatro ángeles estaban sentados a su alrededor, y uno de ellos sostenía frente al pecho del hombre una luz brillante como del tamaño de una canica. Cuando veo un ángel que sostiene una luz frente a alguien, sé que esa persona está pasando por un momento difícil y que el ángel sostiene la luz para que ayude a darle la esperanza y el coraje para salir adelante.

Uno de los ángeles me dijo sin palabras que el hombre estaba sumamente preocupado y estresado por sus negocios. No tengo ni idea de cuál sería su negocio. Los ángeles estaban animándolo a encontrar la solución y me explicaron que estaba allí entre esos papeles, pero la angustia de ese señor era tal que no podía verla. Uno de los ángeles estaba intentando calmarlo mientras otro de ellos no dejaba de señalarle con la mano una hoja de papel en particular. Mientras lo hacía, el hombre tomó esa hoja de papel pero no parecía ver la solución. Seguía escribiendo notas y tachando cosas en su bloc. La luz empezó a volverse más brillante por momentos y, sin que los ángeles me lo dijeran, supe que él ya estaba viendo un asomo de la solución, una luz de esperanza, una salida para sus dificultades laborales. Estuve allí sentada veinte minutos pues el periodista se retrasó. Recé para que este hombre de negocios encontrara la solución. Me apenó mucho verlo así de estresado y preocupado. Cuando ya salía, les pregunté a los cuatro ángeles si él vería la solución antes de que terminara ese día, y me dijeron que probablemente no la vería completa pero por lo menos se le ocurriría una idea y en los próximos días encontraría la solución del problema.

En estos tiempos veo a muchos ángeles sosteniendo luces frente a las personas, ayudando a animarlas. Veo ángeles ayudando a reavivar la esperanza en nosotros todo el tiempo; la esperanza a nivel de cada persona, de cada comunidad, de cada nación y del mundo entero.

A menudo la esperanza comienza por pequeñas iniciativas. Una noche, hace pocas semanas, encontré un grupo de vecinos limpiando una zona verde cercana a mi casa. Es un área que durante mucho tiempo permaneció sucia y descuidada. Ellos estaban rodeados por ángeles que les susurraban al oído, alentándolos mientras trabajaban. Cuando pasé por al lado, uno de los ángeles me dijo:

—¿Ves la esperanza que se ha despertado en estas personas? —Yo sonreí y el ángel continuó—: Con pequeñas acciones como ésta ellos pueden hacer de su mundo un lugar mejor.

Al día siguiente pasé de nuevo por la zona verde y me asombró la diferencia. Los vecinos habían recogido la basura, recortado la hierba y podado los canteros de flores. Todo el lugar parecía lleno de luz. Uno de los ángeles que estaba allí me señaló un pequeño mirlo que halaba una lombriz de la tierra recién removida. El día anterior yo no había visto allí ni un pajarito.

La esperanza aglutina a una comunidad para que todos sus miembros realicen cambios juntos y cuando eso ocurre veo a las personas iluminarse, brillar y avanzar en pos de cosas mejores. Las personas que piensan que las cosas pueden mejorar son faros de luz para todos nosotros, y hay que apoyarlas.

Se puede dar esperanza a otros. Brinda fortalece y reanima, y entonces la esperanza crece. A todos nos corresponde una parte en el crecimiento de la esperanza. En otros tiempos, las personas recurrían a los líderes de iglesias, comunidades, negocios y países para que nos dieran una visión de esperanza para el futuro, pero ahora muchos de nuestros líderes también se debaten sin ver la esperanza delante de ellos. No ven todas las formas que hay para hacer de este mundo un mejor lugar para vivir.

Los ángeles me han hablado mucho de la esperanza y de todo lo que tenemos con respecto a lo cual abrigar esperanzas, y me han enseñado muchas formas diferentes en las que ellos pueden ayudar a darnos esperanza.

Todo lo que comparto con ustedes en este libro proviene de Dios y sus ángeles. Este libro es un mensaje de esperanza que me ha sido entregado para que lo comparta con todos y cada uno de ustedes, para que ayude a hacer crecer la luz de la esperanza en su interior.

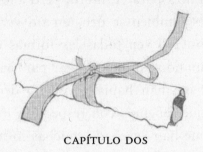

CAPÍTULO DOS

Te aman incondicionalmente

EL ÁNGEL DE LA GUARDA QUE ESTABA CON LA PEQUEÑITA era enorme. Mucho más alto que la niña, la rodeaba por completo como una media luna, mientras ella jugaba en la hierba con su cachorrito blanco manchado de negro.

Atravesaba los prados de Kilkenny Castle cuando la vi y seguí observándola mientras caminaba. El ángel hizo algo que he visto hacer a muchos ángeles de la guarda cuando están con niños; mientras ella jugaba con su perrito, él se volvió mas pequeño para no abrumarla con su tamaño.

La apariencia del ángel de la guarda no era masculina ni femenina. Era brillante y de un dorado color ámbar. El ropaje que lo envolvía parecía hecho de enormes cuentas ovaladas, de color ámbar. A través de esas cuentas ovaladas, yo podía ver reflejarse la luz, lo que daba al ángel la apariencia de una profundidad muy peculiar.

La cara de este ángel de la guarda lucía muy redonda y traslúcida. El amor que brillaba en sus ojos cuando miraba a la niña era indescriptible. Sus ojos parecían de cristal, pero estaban llenos de vida. Muchas veces los ojos de los ángeles no tienen color, como las estrellas. Pero alcancé a vislumbrar algo de ese maravilloso color ámbar dorado brillando en los ojos de este ángel. Sonreí por la belleza de todo esto y el ángel de la guarda también me sonrió tan pronto se dio cuenta de que yo la había percibido.

El ángel de la guarda se arrodilló muy cerca de la pequeña y acercó la mano a la de ella para jugar con el cachorrito. Sus manos parecían ser más grandes y radiantes que el resto de este ángel de la guarda. Eran unas manos largas y muy delgadas pero al mismo tiempo enormes. Eran traslúcidas y del mismo hermoso tono de ámbar. Los dedos de la mano parecían destacarse, y pude ver luz y movimiento en su interior.

Observando los dedos de luz del ángel de la guarda que se movían con tanta suavidad, amor y cuidado por la pequeña y su cachorrito, le pregunté sin palabras:

—¿Ella puede sentir la presencia de tu mano?

Acercando su mano a la de ella y tocándola, el ángel de la guarda replicó:

—Observa, Lorna.

La chiquilla rompió a reír encantada y supe enseguida que había sentido el toque de la mano de su ángel de la guarda.

Seguí caminando, conmovida por lo que había visto. La pequeña tenía síndrome de Down y su ángel de la guarda me había mostrado cuánto era amada, y lo bien cuidada que estaba. Para los ángeles todos somos perfectos, nosotros los humanos vemos diferencias, y a veces pensamos que una persona es mejor que otra, pero para los ángeles todos somos perfectos.

En los primeros años de mi vida yo veía un ángel de la guarda detrás de cada persona, pero eso me desorientaba mucho porque los ángeles guardianes brillan más que cualquier otro ángel. Cuando tenía unos cinco años, un ángel me dijo que en el futuro se me mostrarían los ángeles de la guarda como columnas de luz detrás de cada persona. El ángel de la guarda solo se abriría para mostrarse en la que yo llamo su plenitud si hubiera alguna razón para hacerlo. Sigo viendo a los demás ángeles físicamente y en detalle, pero la mayoría de las veces solo veo como columnas de luz a los ángeles guardianes.

Cuando la luz de un ángel de la guarda se abre y me muestra el amor de ese ángel por la persona que cuida, siempre me conmueve, porque es tanto el amor y la compasión que ellos irradian. Sea cual sea tu comportamiento, tu ángel de la guarda te ama incondicionalmente y no te juzga en forma alguna. No te encontrará defectos ni te criticará. Tu ángel de la guarda hará todo lo que esté a su alcance, sin sobrepasar los límites de tu libre albedrío, para guiarte y ayudarte a facilitar tu vida tanto como sea posible. Tu ángel de la guarda llena tu vida con la luz de la esperanza.

No hay alguien que no sea amado. Si piensas que nadie te ama o se preocupa por ti, estás equivocado. Tu ángel de la guarda siempre está ahí detrás en todo momento de tu vida y continuamente derrama su amor sobre ti.

De niña, y ya de adolescente, sentía que nadie me amaba.

En mi primera infancia los médicos habían dicho a mis padres que era retrasada, porque parecía más interesada en lo que pasaba a mi alrededor —viendo a los ángeles— que en mirarlos a ellos. Sé que mis padres me amaban, pero rara vez lo demostraban. Creo que ambos pensaban que no tenía sentimientos. En esa época fue sumamente importante para mí poder sentir el amor de mi ángel de la guarda y de los demás ángeles que me rodeaban.

Pídele a tu ángel de la guarda que te permita sentir su amor, aunque sea un poquito del mismo. Puedes pedirlo en silencio o en voz alta. Yo le hablo a mi ángel de la guarda igual que a mis amigos.

Hay quienes prefieren escribir una nota o una carta a su ángel de la guarda. Si lo haces, déjala en algún sitio durante unos días, en una gaveta u otro lugar que te parezca apropiado y si después te hace sentir bien quemarla, puedes hacerlo.

No importa la forma que elijas para comunicarte con tu ángel de la guarda, él siempre te va a escuchar.

Si sigues pidiéndole, con el tiempo sentirás una inmensa alegría dentro de ti. Es como si tu ángel de la guarda, al permitirte sentir su amor, permitiera que crezca el amor por ti mismo. Esto toma tiempo, sin embargo, y para muchas personas no resulta fácil. Eres tú quien debe reconocer ese amor que se agita en tu interior, reconocerlo y decirte a ti mismo, "Acepto este regalo". El regalo de amor crecerá cada vez más dentro de ti, y entonces empezarás a compartir ese amor con los demás.

Una de las cosas más importantes que todos debemos

aprender es cómo amarnos más a nosotros mismos. En lugar de ver todas las imperfecciones dentro de nosotros, debemos ver nuestra belleza interior. Debemos aprender a vernos como nos ve nuestro ángel de la guarda. Debemos permitirnos ver la dulzura, la compasión y el amor que guardamos en nuestro interior.

Posiblemente pienses que no eres lo suficientemente bueno, quizá hasta llegues a considerarte un caso perdido, pero independientemente de la opinión que tengas sobre ti mismo tu ángel de la guarda siempre va a estar orgulloso de ti.

**Tu ángel de la guarda
está detrás de ti en cada
momento de tu vida.**

Con frecuencia he visto ángeles guardianes tratando de ayudar a que crezca el amor por sí mismas de las personas que está guardando, los veo inclinarse sobre esas personas y levantar suavemente el brazo frente al corazón de cada una de ellas. Con la mano bien abierta, cada ángel hace movimientos circulares frente a la zona del corazón, eso puede durar varios minutos, pero a veces toma solo unos segundos. Un ángel de la guarda al que vi haciendo lo mismo a una joven me dijo que la estaba abriendo al amor a sí misma, ayudándola a que albergara sentimientos buenos y positivos por ella misma.

Tu ángel de la guarda también pedirá ayuda a otros ángeles guardianes para que las personas que ellos cuidan te hagan un cumplido o te den una palmadita en la espalda.

Por eso es tan importante no ignorar los cumplidos, o suponer que son falsos, y agradecerlos a las personas que los hayan hecho.

Tu ángel de la guarda también tratará de detener a la gente que esté diciendo cosas que pueden hacerte daño o lastimarte, pero como todos gozamos de libre albedrío, los ángeles no siempre tienen éxito.

Si tú no te amas, pídele ayuda a tu ángel de la guarda para amarte como él mismo te ama.

He conocido muchos hombres y mujeres, y tristemente niños también, que no saben amarse a sí mismos y tampoco a otros. En todo el mundo, se cuentan por millones las personas que no saben cómo amar porque nunca se los enseñaron. Los niños de hoy día están aprendiendo a expresar rabia, impaciencia y envidia, a expresar emociones que los ayuden a conseguir lo que quieren, pero no están aprendiendo a amar. Es como si a muchas personas se les hubiera olvidado cómo amar. El amor está dentro de cada uno de nosotros pero hemos olvidado cómo expresarlo.

Es necesario enseñar a los niños que amar es bueno, y mostrárselo en la casa y en la comunidad, por igual. Los niños aprenden mucho con el ejemplo. Los pequeños gestos son muy importantes, pueden ser un suave toque de la mano, el abrazo de un padre a la madre cuando llega a casa, una flor de regalo. Esas pequeñas expresiones de amor son simples, pero muy dicientes. Los niños te observan con cuidado en busca de señales de amor y cuando las encuentran también sienten ese amor. Eso los nutre y ayuda a que crezca el amor que hay en ellos.

Jamás debemos subestimar el poder de transformación que tiene el amor. El amor puede cambiar a las personas mucho y puede cambiar este mundo en que vivimos, para que sea un lugar maravilloso. Los niños son nuestro futuro, es vital enseñarles a amar con el ejemplo y también hablarles de la importancia de amar. Ellos son la responsabilidad de todos nosotros, no solamente de su padre y su madre. En la medida que les enseñemos a amar, todos aprenderemos más del amor y nos abriremos para amarnos más a nosotros mismos. A todo lo largo de nuestras vidas, sea cual sea la edad, debemos recibir amor. Cuando alguien nos demuestra amor, aunque esa persona sea una extraña, despierta el amor en nosotros y lo fortalece y hace brillar.

La capacidad de amar es ilimitada; todos somos capaces de dar y recibir amor sin limitaciones. El que ames a una persona no significa que tendrás menos amor para darle a otra. No hay alguien que no pueda ser amado o no merezca amor, sean cuales fueren sus acciones pasadas, y tampoco hay alguien que sea incapaz de amar.

El amor despierta la compasión en nuestros corazones y nos asiste para extender la mano y ayudarnos unos a otros. Este precioso regalo que es el amor vive en todos y cada uno de nosotros y nos demos cuenta o no, todos anhelamos amor.

Pídele a tu ángel de la guarda que te ayude a abrir los ojos para que empieces a ver las expresiones de amor que te rodean por todos lados, en casa, en el trabajo, en la calle, en las tiendas, en cualquier parte y en todas partes. Ayuda a los niños y adultos que te rodean para que también ellos vean esas señales de amor.

Abrazo a casi todas las personas cuando las conozco. He conocido mucha gente, hombres, mujeres y niños a quienes sus padres rara vez han abrazado, ni siquiera en la infancia. A veces he abrazado personas que no han sabido qué hacer y se repliegan en sí mismas preguntándose si estará bien ser abrazadas. Otras veces he debido tranquilizarlas explicándoles que no hay problema y entonces las siento abrazarme despacio como si acogieran el amor que libremente les estoy dando y están experimentando por primera vez en su vida. Me da mucha tristeza cuando percibo eso en cualquier persona. Es triste pensar que ellas no hayan caído en cuenta del precioso regalo de amor que llevan en su interior.

Un día que llegué muy temprano para una entrevista en un hotel de Dublín, me había sentado en un rincón apartado a beber un vaso de agua. Una mujer se me acercó y dijo que me había visto en la televisión hablando de los ángeles. Se presentó como Stefanie y preguntó si podría hablarme unos minutos. Venía rodeada por ángeles y detrás tenía la luz de su ángel de la guarda. Había cuatro ángeles muy preocupados que le tocaban el cabello tratando de consolarla y mantenerla calmada para que pudiera hablarme. En ese momento no sabía yo cuál era el problema, ellos no me dijeron nada y su ángel de la guarda no se abrió.

Ella se sentó y empezó a hablar enseguida, me contó de sus dos hijos adolescentes, un chico de trece y una chica de quince. Me dijo que su hija le decía que la odiaba y deseaba verla muerta. Stefanie lloraba contándome que todo el tiempo su hija le gritaba, le decía que era un caso perdido y que no servía para nada. La comparaba con otras mamás y decía que la suya era la mamá más horrible del mundo y que todas las mamás de sus amigas eran maravillosas.

Su hija llevaba dos años diciéndole constantemente cosas terribles y Stefanie estaba destrozada por completo; ella estaba deshecha. Su hija la había despojado de toda confianza y seguridad en sí misma como madre y como persona. Stefanie estaba tan angustiada y tan alterada que ya no podía dormir, había tenido que pedir una licencia en el trabajo y le habían recetado medicamentos para la depresión. Por desgracia, su esposo poco la ayudaba o apoyaba. Stefanie me contó muy avergonzada que ella también le gritaba a su hija y ya no podía controlarse.

Mientras Stefanie hablaba, los ángeles también me hablaban pero sin palabras, y me dijeron que le preguntara a Stefanie algo importante. Respiré profundo e hice lo que me habían pedido.

—¿Cuándo fue la última vez que le dijiste a tu hija que la amas?

Stefanie me miró desconcertada y respondió:

—Es mi hija. Ella sabe que yo la amo.

Tomé su mano y antes de responderle esperé un poco, como me dijeron los ángeles.

—¿Estás segura de que lo sabe? Piensa un poco y recuerda cuando ella era una niña pequeña. ¿Cuánto amor le demostraste? ¿Con cuanta frecuencia la tomaste en tus brazos y la abrazaste muy fuerte diciéndole que la amabas? ¿Diciéndole cuánto la querías?

Stefanie me miró muy confundida.

—Mi madre nunca hizo algo así. Mi madre jamás me dijo que me amaba, pero ella era mi madre, así que yo sé que debió amarme.

Los ángeles siguieron hablándome todo el tiempo mientras le explicaba:

—Tu hija está pidiendo a gritos tu amor. Por extraño que parezca, lo que ella te está mostrando en realidad es amor pero tú no lo reconoces. ¿A quién más podría decirle ella esas cosas terribles? ¿A quién más podría contarle la frustración y la confusión que como adolescente está experimentando? —Y continué—: Trata de no reaccionar con rabia contra tu hija. Sé que es muy difícil pero trata de no sentirte ofendida. Empieza por decirle y demostrarle el amor que le tienes. Posiblemente creas que ella no oye tus palabras, pero sí lo hace. Tu hija te necesita; en este momento para ella el mundo es un lugar asustador y solo quiere saber que estás ahí para ella y que jamás la abandonarás. —Le sonreí a Stefanie—. Muéstrale que la amas, en pequeñas formas.

Stefanie me miró con los ojos llenos de lágrimas.

—Pero no creo saber cómo hacerlo.

—Pídele ayuda a tu ángel de la guarda —le dije—. Él te mostrará las pequeñas cosas que cuentan, los primeros pasos que las dos deben dar. Más adelante podrán ser pasos más grandes. Empieza hoy mismo a demostrarle a tu hija que la amas, acércate a ella con pequeñas cosas. ¿Cuál es su comida favorita, le gustan las magdalenas glaseadas? Bueno, pues prepáraselas. No le grites, solo háblale desde tu corazón. El amor es tan poderoso que puede transformar todas las cosas; sé que te va a sorprender cuánto amor recibirás de tu hija. Y recuerda que tu hijo está observándolo todo y él también necesita saber que lo amas.

Las dos nos dijimos adiós. Durante meses recé mucho por Stefanie y sus hijos, oraba porque ellos permitieran que el amor creciera al interior de su familia.

Poco recuerdo las caras, y un año más tarde me encontraba en una gran tienda por departamentos en Dublín cuando se me acercó una señora con una adolescente y me dijo su nombre. Eran Stefanie y Sam, su hija, a quien me presentó. Sam era una chica preciosa, alta, de pelo oscuro, con una hermosa sonrisa. Stefanie me contó que había puesto por obra lo que le dije ese día y había pedido ayuda a su ángel de la guarda, y me describió lo ocurrido la primera vez que hizo las magdalenas que a Sam le encantaban. Las estaba glaseando y su hija entró a la cocina. Sam tomó una y cuando salía de la cocina Stefanie solo le dijo "Te amo". No hubo respuesta.

Sam estaba a su lado mientras su madre me contaba eso y la interrumpió.

—Yo era terrible. Un día que reñíamos por algo y Mamá me dijo otra vez que me amaba rompí a llorar. Ese día le dije a Mamá que yo nunca había sabido que ella me amaba.

Sam me sonrió y también sonrió a su madre, diciendo:

—Te amo, mamá.

Simplemente fue hermoso ver la empatía en su cara cuando lo dijo. Stefanie le pasó el brazo y abrazó estrechamente a su hija:

—Yo también te amo.

Me sentí muy feliz mientras ellas seguían su camino.

El precioso don del amor está dentro de todos y cada uno de nosotros, y todos debemos aprender a permitir que ese amor crezca para que podamos acercarnos a los demás con compasión. Comienza por cosas pequeñas: una sonrisa, una palabra amable, un abrazo. Dentro de cada uno de nosotros está ese amor incondicional y, si se lo permitimos, llenará nuestras vidas de esperanza y compasión.

Las personas suprimen el amor, y esa falta de amor puede mostrarse de distintas maneras. Puede ser que nos alegre la mala suerte de alguien; que hablemos mal o contemos un chisme de alguien; que juzguemos o critiquemos a los que nos rodean o que experimentemos impaciencia o frustración por ellos. Probablemente no queramos hacerlo; puede ser un hábito o algo que hace la gente que nos rodea. Trata de ver y reconocer en tu propio comportamiento cuando no muestras amor y compasión, para que aprendas cómo mostrarlo la próxima vez.

Tu ángel de la guarda te ama incondicionalmente y si se lo pides te ayudará a amarte más a ti mismo y a los demás. ¿Recuerdas esa sensación de malestar que te queda por dentro cuando has tratado mal o injustamente a alguien? Es tu ángel de la guarda enseñándote lo que es el amor. Aprende a reconocer y admitir esas sensaciones, aunque hacerlo te resulte incómodo. Solo respondiendo a esos suaves codazos de nuestro ángel de la guarda, es que todos aprendemos a dar más amor.

Recuerda que su amor es incondicional, pide a tu ángel de la guarda que te ayude a sentir ese amor y a despertar el que llevas en tu interior. Pídele que te ayude a ver la abundancia de amor en la gente que te rodea y a fijarte en las expresiones de ese amor.

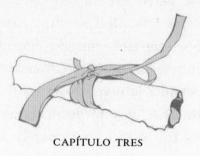

CAPÍTULO TRES

La ayuda siempre está cerca

TODOS LOS DÍAS VEO ÁNGELES HACIENDO COSAS. Cosas que nosotros creemos que estamos haciendo solos, cuando lo cierto es que ahí está un ángel ayudándonos.

A veces, cualquier día soleado, camino por los prados de la universidad cercana a casa y encuentro universitarios sentados en las bancas de piedra frente a la biblioteca o en la hierba. Están estudiando y puedo ver que con algunos de ellos hay ángeles maestros.

Los ángeles maestros siempre llevan algo que simboliza lo que estén enseñando. Puede ser un libro o un señalador o una pizarra con algo escrito o con palabras cambiantes. Una vez vi un aprendiz de albañilería con un ángel maestro que llevaba una llana en la mano. Los ángeles maestros parecen tener los mismos hábitos que usualmente asociamos con profesores.

En muchas oportunidades he visto un ángel maestro de pie frente a un estudiante, libro en mano. El libro, igual al del estudiante, parece estar abierto en la misma página. Ocasionalmente veo al ángel maestro pasar la página y sonrío porque sé que está teniendo dificultades con este estudiante a quien le está costando avanzar. He visto ángeles maestros extender la mano hasta tocar suavemente la cabeza del estudiante con un dedo, tratando de que les preste atención. Eso parece funcionar la mayoría de las veces, pero no siempre. Sin embargo, los ángeles maestros jamás se dan por vencidos y tampoco pierden la paciencia. He visto ángeles soplar para hacer pasar las páginas del libro del estudiante, o causar una brisa fuerte que riegue por el suelo libros y lápices, porque están tratando de que el estudiante preste atención a una página o un tema en particular o simplemente que deje de estar soñando despierto. Los ángeles maestros se esfuerzan mucho por captar la atención de sus estudiantes.

Siempre me asombra ver el escaso número de personas que tienen ángeles maestros. Después de todo lo único que deben hacer es pedir a su ángel de la guarda que les ayude con lo que estén aprendiendo y su ángel de la guarda invitará a un ángel maestro a que intervenga. En la universidad que más conozco, solo uno de cada diez estudiantes tiene consigo un ángel maestro. Por alguna razón que desconozco, los estudiantes de música parecen pedir más ayuda a los ángeles. Cuando paso cerca al área donde ellos esperan para recibir sus clases individuales de música, veo más ángeles maestros, pero aun así solo uno de cada cinco de estos estudiantes tiene un ángel maestro. Es una lástima no aprovechar esta oportunidad, pues Dios nos ha dado los ángeles maestros para ayudarnos. Si estás aprendiendo a hacer algo, a cocinar, jugar golf, usar un computador, conducir un auto, tenerle paciencia a tu hijo o meditar, pide a tu ángel de la guarda que invite a un ángel maestro a ayudarte. No necesitas saber qué tipo de ángel o de ángel maestro requieres: tu ángel de la guarda sabrá eso, solamente pídeselo.

> **Nunca pienses que no mereces ayuda. Todos merecemos ayuda y a los ángeles les encanta ayudarnos.**

Los ángeles me dicen que el número de ángeles maestros es ilimitado, y que jamás debemos dudar en pedir ayuda. Que pidas un ángel maestro no va a quitárselo a otra persona. Hay ángeles maestros en abundancia. Jamás pienses que no mereces ayuda. Todos merecemos ayuda y a los ángeles les encanta ayudarnos.

No existe lugar ni tema alguno en el que un ángel maestro no pueda ayudar y ninguno es demasiado trivial para que ellos te ayuden. Un ángel maestro puede ayudarte con cualquier situación en la que te encuentres. Conozco jueces y cirujanos que han invocado a un ángel maestro para que los ayude a hacer mejor su trabajo. Qué maravilla saber que cualquiera que sea la situación en la que estemos, siempre podemos llamar a un ángel maestro para que venga y nos ayude a hacerle frente mejor. No debemos desesperar. Los ángeles maestros siempre traen esperanza.

Me encanta la jardinería y he pedido que un ángel maestro me ayude cuando trabajo en el jardín. Pido la ayuda de ángeles maestros para todo lo del jardín, por pequeña que sea la tarea. A veces, para que pueda ver la diferencia entre plantas y malezas, otras veces para que pueda cuidar de una planta en la mejor forma posible o para aprender sobre los bichos que viven en la tierra y entre las flores y arbustos. Otras veces para que me enseñen a hacer alguna tarea en particular de manera que no me resulten muchos achaques después.

Megan, mi hija menor, tiene quince años. Hace poco, estaba nerviosa porque se iba de discoteca por primera vez, así que le sugerí pedirle a un ángel maestro que le enseñara cómo disfrutarla y divertirse. Volvió a casa contándome que la había pasado muy bien, había desechado todas sus preocupaciones y ya estaba esperando su próxima salida a discoteca. Evidentemente su ángel maestro había hecho un buen trabajo.

Pedir un ángel maestro es fácil, solo debes contarle a tu ángel de la guarda que necesitas ayuda, y él abrirá la puerta a un ángel maestro. Siempre digo que les hablo a los ángeles igual que a mis amigos, porque ellos son amigos míos. Tú puedes hacer lo mismo, háblales en silencio o en voz alta. Lo importante es pedir.

Una vez que has pedido ayuda sobre algo en particular a un ángel maestro, él seguirá viniendo durante el resto de tu vida siempre que necesites ayuda con ese tema.

También puedes pedirle a un ángel maestro que ayude a otra persona. Solo pídele a tu ángel de la guarda que un ángel maestro le enseñe a esa otra persona. Muchos padres me han dicho que le han pedido a un ángel maestro que ayude a sus hijos con los estudios, lo que es mucho mejor que inquietarse y preocuparse.

Si ya has pedido un ángel maestro, entonces esfuérzate al máximo por escuchar y responder a las señales que tu ángel maestro te da. Si sientes la necesidad de pasar una página de tu libro o de buscar otro libro, hazlo. Si te viene un pensamiento a la mente, anótalo. Recuerda, no tienes nada que perder, solo ganar. Ayuda a tu ángel maestro a que te ayude.

Sin embargo, tu ángel maestro no está allí para hacerte el trabajo. Tú debes hacer tu parte. Si has pedido a un ángel maestro que te ayude con tus exámenes, debes hacer lo que te corresponde, que es estudiar. Tu ángel maestro no estudiará por ti. El ángel maestro puede ayudarte a confiar en tus capacidades y mantenerte concentrado para que evites las distracciones y él pueda indicarte lo que debes estudiar.

Recuerdo haber pasado junto a un grupo de estudiantes que charlaban en el centro la ciudad. Me llamó la atención una joven a la que días antes había visto estudiando, con un ángel maestro a su lado. Ahora no había ángeles maestros presentes, en general no los hay cuando las personas están en plan de descanso y diversión. Pero de repente vi que su ángel maestro apareció y le susurró algo al oído. Alcancé a escucharla decir que realmente debía volver y estudiar un poco y al pasar escuché a sus amigos pedirle que se quedara. Seguí mi camino musitando una pequeña plegaria para que ella escuchara a su ángel maestro. Cuando llegué a la esquina miré hacia atrás y la vi dirigirse, sin sus amigos, hacia la universidad. Ella había escuchado y respondido a su ángel maestro.

Recientemente vi a un pequeño de unos seis años jugando fútbol con sus amigos en un parque. Tenía un ángel maestro con él, y supe por el balón que llevaba, que obviamente le estaba enseñando a jugar. El chiquillo se había caído y sus compañeros estaban tan enfrascados en el juego que no se habían dado cuenta y siguieron jugando. El pequeño se estaba sobando la pierna y al mismo tiempo su ángel maestro se la estaba tocando y susurrándole al oído que se pondría bien, pero debía levantarse y probar de nuevo. Mientras lo persuadía, el ángel maestro hizo rebotar suavemente el balón cerca del niño, que al fin pudo levantarse mientras su ángel maestro lo animaba todo el tiempo. Sonreí porque fue lindo ver la mirada de determinación en la carita del pequeño respondiendo al ánimo que estaba dándole el ángel.

Entonces algunos chiquillos le preguntaron si estaba bien, y una vez más patearon la bola en su dirección. Aunque la pierna aun le dolía, el niño corrió con todo empeño tras el balón y lo pateó realmente fuerte. Su ángel maestro pateó el balón al mismo tiempo.

Le pregunté sin palabras al ángel maestro, si eso no era hacer trampa. Me sonrió y replicó que le estaba dando al pequeño un poco de confianza en sus capacidades, y que la próxima patada sería toda del niño. El pequeño corrió persiguiendo el balón, encantado con su patada. Les había mostrado a sus amigos que era tan buen futbolista como ellos.

Los ángeles nos pueden enseñar a hacer lo que sea y, por sorprendente que parezca, también pueden ayudarnos físicamente. Cuando trabajo en el jardín, por ejemplo, no solo tengo ángeles maestros; también le pido a mi ángel de la guarda algunos ángeles que me ayuden con las cosas que físicamente me cuestan trabajo.

Todo el tiempo veo ángeles ayudando físicamente a las personas. Hace poco, iba por una calle de Amsterdam junto a un canal después de una charla, cuando vi dos hermosos ángeles ayudando a un hombre y una mujer que salían de una casa con los brazos todos rasguñados por ramas de árboles y arbustos. El hombre llevaba un viejo overol, con un agujero en el peto y los bordes del pantalón deshilachados, y un ángel lo estaba ayudando. Cuando el hombre se enjugó el sudor de la frente, el ángel que lo ayudaba hizo lo mismo. Este ángel era de apariencia masculina y tuve que sonreír pues él también parecía estar en ropa de trabajo gastada y raída. Mientras la mujer levantaba los arbustos para meterlos en la furgoneta, el ángel que la acompañaba reflejaba todos sus movimientos. Era claro que esta mujer había pedido que un ángel la ayudara físicamente con su trabajo.

En general, son estos ángeles que yo llamo desempleados los que aparecen y nos ayudan físicamente si se lo pedimos. Veo muchos ángeles desempleados a nuestro alrededor. Ellos son diferentes a los ángeles guardianes o los ángeles maestros, pero también son ángeles que están dispuestos a ayudarnos cada vez que así lo pedimos. Veo tantos de ellos que siempre digo que hay millones de ángeles desempleados. Estos ángeles son blancos, y todos se parecen bastante, aunque si los miro con detenimiento puedo ver algunas diferencias entre unos y otros. Los ángeles desempleados son muy amables y afectuosos, así que no debemos tener miedo de pedirles que nos ayuden físicamente o que ayuden a un ser querido. Una vez más, lo único que debes hacer es pedir a tu ángel de la guarda que deje pasar unos cuantos ángeles desempleados y así lo hará.

Vi un maravilloso ejemplo de esto desde la ventanilla de un taxi. Nos habíamos detenido en un cruce y vi que pasaba una señora ya anciana, apoyada en un muchacho. Detrás de la señora, un poco inclinado hacia ella, iba un gran ángel blanco que la ayudaba a guardar equilibrio. La anciana, muy delgada y bastante encorvada, caminaba en forma muy extraña con sus piernas delgadas como palillos. Pero era muy linda. Caminaba con gran determinación, y aunque todo el tiempo su cuerpo temblaba por el esfuerzo, ella levantaba las piernas como un soldado al marchar. Vi que esta mujer vivía la vida a plenitud y a pesar de sus dificultades físicas disfrutaba su paseo por duro que fuera.

Con ellos iba otro ángel, siempre al frente de ella, esperando para tomarle el pie y bajarlo hasta el suelo mientras ella avanzaba con su extraño caminar. Seguramente había pedido ayuda a su ángel de la guarda, pues los ángeles desempleados no pueden ayudarnos por sí solos, ellos únicamente pueden venir cuando los pedimos.

Lo que me hizo sonreír aun más fue ver el amor y cuidado que estos ángeles derrochaban con la ancianita y su compañero. A veces me cuesta entender cómo es que la gente no se da cuenta de que hay ángeles a su alrededor; el muchacho no tenía ni idea de que había ángeles ayudándolos a él y a la señora. Sé que pensamos que todo lo hacemos nosotros solos, pero no es así. Los ángeles me lo prueban constantemente. Si los ángeles no hubieran estado allí para ayudar, dudo que el muchacho hubiera podido sostener a la anciana y ella se habría caído.

Hoy mismo, me dirigía al centro de la ciudad, cuando vi a una señora anciana al otro lado de la calle. Al lado suyo iba un ángel que le ayudaba a cargar la bolsa de su compra. Este hermoso ángel, vestido de color crema con toques dorados, me habló para contarme que la señora le pedía a Dios todos los días que le enviara un ángel para ayudarla físicamente. Mientras el ángel decía esas palabras, empezó a masajearle el hombro a la señora con su mano libre, para aliviarle la tensión.

—Lo que ella está cargando en realidad es muy poco, Lorna —me dijo—. Soy yo quien lleva casi todo el peso.

El ángel me indicó que le mirara la cara. Yo estaba al otro lado de la calle, pero pude ver claramente que ella sonreía.

—Sabe que estás ayudándola, ¿verdad? —le pregunté al ángel. Él sonrió y asintió con la cabeza.

Hay un ángel que a veces ayuda a los ángeles desempleados cuando necesitamos ayuda físicamente: es el Ángel de la Fortaleza.

Un día que iba en un autobús vi un joven con muletas impulsarse para subir al bus. Iba con un ángel desempleado a cada lado, que ayudaban a sostenerlo físicamente. Alcancé a vislumbrar sus alas y vi que lo estaban ayudando con mucha delicadeza y cuidado. Mientras el muchacho pagaba al conductor, balanceando una muleta bajo el brazo y la otra contra un asiento, le pedí a Dios que enviara un ángel especial a ayudarlo. Cuando estaba en eso, apareció un ángel enorme con una portentosa apariencia masculina de fuerza descomunal. Era el Ángel de la Fortaleza. Siempre se ve igual. Es enorme, de color claro, como el agua clara, aunque a veces uno alcanza a vislumbrar una franja dorada en su interior, como si un hilo de oro corriera a lo largo de él.

El Ángel de la Fortaleza ayuda en una forma totalmente diferente a la de cualquiera de los otros ángeles. Este asombroso ángel parece mezclarse parcialmente con el cuerpo humano, como si de alguna manera los dos cuerpos se volvieran uno solo, aunque no del todo. Vi como el Ángel de la Fortaleza sostuvo el cuerpo del muchacho mientras pagaba. Fue como si los dos cuerpos se fusionaran, como si el Ángel de la Fortaleza hubiera insuflado un vigoroso empuje al cuerpo del joven.

Mientras el muchacho cojeaba apoyado en sus muletas en dirección a mi asiento, el ángel enorme venía detrás de él, parcialmente fusionado con él y los otros dos ángeles uno a cada lado. Ayudado por estos dos ángeles, el muchacho se sentó unas cuantas filas delante de mi asiento y fue como si se sentara encima del Ángel de la Fortaleza y este ángel lo sujetara muy bien con sus brazos.

El Ángel de la Fortaleza giró hacia mí, y dijo:

—El muchacho realmente es más fuerte de lo que tú crees, Lorna. Voy a darle el coraje y la fuerza para luchar hasta que quede completamente bien. Lo ayudaré hasta que recupere toda la fuerza de sus piernas y deje las muletas.

Eso me alegró mucho, así que sonreí al ángel y se lo agradecí. Cuando el autobús llegó a la terminal, todo el mundo se levantó para salir, excepto el joven. El Ángel de la Fortaleza le estaba diciendo al oído que esperara y me di cuenta de que el muchacho estaba escuchando a este bellísimo ángel.

En otra ocasión, vi al Ángel de la Fortaleza ayudar en un jardín a un hombre que trataba de sacar de la tierra un árbol joven sin dañar las raíces para poder sembrarlo en otro lugar. Ya había removido buena parte de la tierra alrededor de las raíces y vi que se agachó para agarrar la base del árbol y desprenderlo del suelo. El árbol era joven pero ya estaba crecido y sacarlo demandaba muchísimo trabajo físico. El Ángel de la Fortaleza estaba ayudándole. Directamente detrás del muchacho y moviéndose como si los dos fueran un solo cuerpo, el ángel lo halaba hacia atrás con fuerza desmesurada. También había otros dos ángeles dándole ánimo al hombre y diciéndole que halara, que él podía sacarlo. Y lo sacó… ¡con la ayuda de los ángeles! De repente el árbol se desprendió de la tierra y quedó libre. El hombre lo dejó descansar sobre la hierba y se quedó allí enjugándose la frente y frotándose las manos. El Ángel de la Fortaleza aun lo sostenía con mucha fuerza como si ambos fueran un solo cuerpo, pero sin serlo. Fue algo digno de verse. El hombre lucía muy orgulloso de sí mismo, como si lo hubiera hecho todo él solo, y llamó a una mujer, supongo que era su esposa, quien salió de la casa a mirar su trabajo.

A veces al Ángel de la Fortaleza lo llaman cuando alguien que está agotado y exhausto necesita fortaleza y coraje para seguir adelante. Hace unos años, un amigo me prestó una casa en España y pasé allá una semana de vacaciones con mis dos hijas, Ruth y Megan. Un cálido día muy soleado, estábamos en un café al aire libre, junto a la playa, refrescándonos bajo la sombra y viendo pasar la gente. Llevaríamos unos treinta minutos allí, disfrutando una bebida fría, cuando los ángeles me hicieron ver un hombre en ropa de trabajo, que caminaba hacia el café. El señor se sentó en una mesa y ordenó.

Megan y Ruth sugirieron una caminata, pero los ángeles dijeron que yo debía quedarme, así que se marcharon y me dejaron sola. Los ángeles me indicaron que moviera un poco mi silla para ver claramente al señor que había llegado minutos antes.

Así lo hice y vi que había juntado las manos e inclinado la cabeza. Los Ángeles de la Oración estaban a su alrededor y se me permitió escuchar su plegaria. "Dios mío, por favor dame fuerzas para seguir con mi trabajo. Estoy muy cansado. Siento que no puedo más".

El mesero interrumpió su plegaria al ponerle enfrente una taza de café. En ese preciso momento apareció detrás de su silla, el Ángel de la Fortaleza. Me alegró mucho ver que Dios había respondido a esa súplica tan rápido. También yo recé por él y pedí que el hombre viera y sintiera la diferencia.

El Ángel de la Fortaleza estaba directamente detrás de ese señor y, enorme como siempre, era unas diez veces más grande que él. Los cuerpos de ambos estaban parcialmente integrados, como si el Ángel de la Fortaleza le estuviera insuflando fuerza y vitalidad. Lo hizo con gran potencia, pero también con mucho amor y cuidado y fue muy hermoso verlo.

El Ángel me habló sin palabras. "El hombre está exhausto. Ha luchado muy duro para cultivar su tierra y no puede permitirse pagar a alguien que le ayude. Está muy preocupado pues debe mantener a su esposa y su hijita. Cuando termine su bebida, se sentirá mucho más fuerte y se habrá renovado. Tendrá la fortaleza física y mental para seguir adelante. Dios ha respondido ambas plegarias, la tuya y la de él".

Aun esperaba que las chicas volvieran, cuando el hombre se levantó y se fue. Pude ver el cambio en su forma de caminar, y musité una plegaria de agradecimiento.

Cuando uno está exhausto o se siente físicamente agobiado por una tarea, puede llamar al Ángel de la Fortaleza y pedirle ayuda. Es un solo ángel pero parece que puede ayudar a muchas personas al mismo tiempo. Él no se quedará contigo, pero volverá y te ayudará con esa tarea específica que requiere de tanta fuerza. Me han preguntado cómo es que el Ángel de la Fortaleza puede estar en varios lugares al mismo tiempo, pero no sé la respuesta. El Ángel de la Fortaleza se parece al Ángel de la Esperanza y a cada uno de los arcángeles, en que hay solamente uno de cada uno de ellos, pero todos pueden estar en muchos lugares distintos al mismo tiempo.

Al Ángel de la Fortaleza también puedes pedirle, por supuesto, que ayude a otra persona.

Me encanta caminar y cada vez que puedo sacar un rato lo hago. En una de esas salidas, hace unos años, pasé por una pequeña iglesia protestante que queda al otro extremo de la calle. Algunas personas estaban saliendo por la puerta principal y otras caminaban despacio por el prado hacia los portones de la iglesia, charlando entre ellas. Iban ángeles con ellas y, como siempre, vi la luz de su ángel de la guarda detrás de cada una. Realmente no les estaba prestando mucha atención pero de repente un ángel me llamó por mi nombre. Era el Ángel Hosus, uno de los que ha formado parte de mi vida desde mi niñez. Estaba al lado mío y dijo:

—Detente y mira a la iglesia de nuevo.

Así lo hice y vi a un ángel salir de la iglesia. Este ángel era muy alto y de apariencia femenina. Esbelto, radiante y translúcido, era mucho más grande que el arco y la puerta de la iglesia, que parecían no existir para él. En cambio vi una especie de réplica de la iglesia bañada en luz dorada, mucho más grande que la propia iglesia física. El ángel salió por la entrada de esa iglesia más grande. Sé que suena extraño, pero yo veía esa iglesia dorada y al mismo tiempo veía los ladrillos y el cemento de la iglesia física, pero la iglesia dorada guardaba más proporción con el ángel.

El ángel se quedó ahí en el prado frente a la iglesia. Su vestimenta parecía hecha de muchos espejitos de distintos tamaños. El ancho de cada panel de espejos variaba pero yo podía ver una gran profundidad al interior de cada uno de los espejitos. Su ropaje se movía suavemente como si lo rodeara una ligera brisa. Alcancé a ver el reverso de algunos espejos y fue lo mismo que si mirara al interior de otro espejo lleno de vida y profundidad. El conjunto de toda la vestimenta de este ángel lucía como un espejo blanco que reflejaba pequeñas chispas de luz plateadas. Era bellísimo verlo.

Sus ojos parecían estrellas y brillaban con una luz maravillosa que no tenía color. Cuando giró sobre sí mismo, para mirar a su alrededor, fue como si cada parte del ángel brillara con una luz trémula. Su cabello plateado y más bien corto, lucía muy desordenado y parado. En algunas partes de la cabeza se le veían los pelos de punta.

Para mí lo más increíble de todo este ángel fueron sus alas. Largas, esbeltas y enormes, se movían constantemente como si respiraran el aire que las rodeaba. Al principio pensé que eran hechas de las plumas, como las plumas que conocemos, pero luego el ángel me miró y las extendió para que yo pudiera verlas mejor. Sus alas parecían de plumas pero estaban hechas de delicadas sartas de espejos. El tallo central de cada "pluma" giraba constantemente, reflejando un espejo de luz. Todas las "plumas" eran de distinto tamaño, unas largas y delgadas, otras que empezaban largas y delgadas y por la mitad se volvían más anchas y redondeadas. Cuando el ángel movía sus alas, estas lanzaban destellos de una luz muy brillante, que deslumbraba.

Entonces, por encima de los árboles que rodeaban la pequeña zona verde a la izquierda de la iglesia, apareció un haz de luz que llegó hasta el ángel que ya iba ascendiendo al cielo. Cuando el ángel y la luz quedaron sobre la iglesia, desaparecieron.

Yo seguía mirando la iglesia desde el otro lado de la calle y le pregunté a Hosus, que había estado a mi lado todo el tiempo.

—Hosus, ¿quién era ese ángel?

Hosus me sonrió, pero no obtuve respuesta. Me dijo que disfrutara mi caminata y mientras desaparecía tocó mi mejilla y me pidió que sonriera. Miré de nuevo a la pequeña iglesia y me di cuenta de que toda la gente se había marchado. Me alejé preguntándole a Dios quién era el ángel, pero Él tampoco dio una respuesta.

Yo creo que este debe ser un ángel que voy a encontrarme de nuevo, pienso que vino porque va a ayudarme con algún aspecto de mi vida en el futuro. A menudo he sido presentada en esa forma a algunos ángeles y no se me ha dicho cómo me ayudarán, y entonces años más tarde he descubierto cuál era su papel en mi vida.

Es posible que no veas a los ángeles, pero yo sé que Dios envía ángeles especiales a la vida de algunas personas en ciertos momentos para ayudarles con circunstancias excepcionales.

Los ángeles son una señal de esperanza. Pase lo que pase en nuestras vidas, siempre hay un ángel que puede ayudarnos. Solamente debemos pedirlo. No necesitas saber cuál ángel pedir; simplemente pídelo y tu ángel de la guarda conseguirá la ayuda que necesitas. ¿No te parece maravilloso saber que hay ayuda en tanta abundancia? Me asombra y entristece que tantas personas no hagan uso de este regalo.

CAPÍTULO CUATRO

La crianza de los hijos es el trabajo más importante del mundo

SOY UNA MADRE SOLTERA. MI ESPOSO JOE MURIÓ después de una larga enfermedad; me dejó con cuatro hijos, el menor de cuatro años, y sé lo difícil que es ser madre soltera. Le rezo a Dios a menudo para que me ayude a ser la mejor madre posible para mis hijos, especialmente para el menor que apenas ahora tiene quince años y está presentando los exámenes del estado por primera vez. Mi hijo Owen y mi hija Ruth ya son padres y saben que ser padre es todo un reto, aunque por supuesto a ambos les encanta ser progenitores. El trabajo de un padre es eterno, sea cual sea la edad de su hijo.

La crianza de los hijos es el trabajo más importante del mundo. Para mí el de ser madre es más importante que cualquier otro rol en mi vida. Dios y los ángeles me han asignado la tarea de difundir el mensaje de que todos tenemos un ángel de la guarda y un alma, y para ayudarme en esa tarea Dios me ha permitido ver a los ángeles físicamente. Pero aun así, el papel o destino más importante en mi vida es el de ser madre y criar a mis cuatro hijos. Conozco muchas personas a las que les escandalizaría escucharme decir esto, pero Dios me ha confiado cuatro hijos y yo debo criarlos, protegerlos, mantenerlos y ellos siempre estarán primero. Permíteme decirlo de nuevo. Criar a los hijos es el trabajo más importante del mundo.

Ser padre no es fácil. Es una de las tareas más difíciles y más exigentes y es para siempre. Tus hijos podrán crecer y ser padres ellos mismos, pero tú seguirás siendo su madre o su padre.

Cuando hablo de la importancia de los padres no me refiero solamente a los padres biológicos. Hablo de los padres adoptivos, de los padres de crianza o de cualquiera a quien se le pida ser el cuidador primario de un niño. Muchas personas ayudan en la crianza de un niño: amigos, tías, tíos y abuelos, son todos muy importantes. Pero existe una gran diferencia entre la persona que ayuda y mantiene a un niño y la carrera básica que es la de aquella persona o personas que no tienen a quién devolverle un niño si la cosa se pone difícil. Cuando Dios te da un hijo, debes asumir esa responsabilidad. Dios confía en que tu carrera sea la mejor posible por ese hijo.

En muchas ocasiones ha habido madres que me han preguntado cosas como: "¿Cuál es mi destino?" o "¿Cuál es el propósito de mi vida?". A veces me lo preguntan con un niño en su regazo, al que están abrazando. Mi corazón se rebela cuando me preguntan eso, se llena de compasión por la madre, y rezo en silencio: "Dios mío, ¿acaso no se da cuento de lo que tiene en sus brazos? ¡Es su hijo!".

Mi respuesta a cualquier madre que me hace esa pregunta es esta: "Mira a tus preciosos hijos. El primero, el más importante y más grande destino tuyo es el de ser una madre para tus hijos. Es convertirlos en miembros amables, amorosos y bondadosos de su comunidad, en personas que sepan diferenciar lo bueno de lo malo. Estás moldeando y formando a tus hijos porque ellos son los futuros maestros, enfermeras, doctores y líderes. Haga lo que haga tu hijo, aún en el más elemental de los trabajos, si lo has criado bien él podrá aportar algo importante. Tú formas al futuro del mundo porque formas a tus hijos, que son parte de ese futuro".

Cuando hablo de esto con los padres, me apena muchísimo que me digan cosas como, "Ellos solo son mis hijos. No son parte de mi destino. Mi vida debe tener un propósito más grande".

Muchos padres piensan que sus hijos les están impidiendo vivir una vida más plena. Pero tus hijos te sacan al mundo, te vuelven más consciente de todo lo que te rodea y es siendo padres que muchas personas se involucran mucho más con ese mundo a su alrededor y aprenden mucho más de sí mismos. A veces las personas hablan como si tuvieran un solo destino o propósito en la vida, pero de hecho tenemos muchos propósitos y el de ser padres es el más importante.

Además de ser padres todos tenemos otras cosas que se

espera que hagamos, como ser buenos vecinos o ganarnos la vida. De mí se espera que escriba estos libros y difunda todos los mensajes que Dios y los ángeles me han dado. Es una tarea exigente, que para mí es importante cumplir. Los padres pueden hacer otras cosas para usar los dones que han recibido. Es importante usar los dones y talentos que se nos han dado, porque al hacerlo damos ejemplo a los hijos de cómo vivir plenamente sus vidas.

Escribir este capítulo me ha costado trabajo y le he pedido al Ángel Miguel que me ayude. El Ángel Miguel es uno de los ángeles que ha formado parte de mi vida desde mi niñez. La primera vez que lo vi tendría yo unos cinco años. Se parecía a los demás ángeles, pero algo lo diferenciaba; su luz era más fuerte que la de los demás y tenía una presencia imponente, así como una poderosa fortaleza masculina. Desde esa primera vez que lo vi sentí que él estaba listo a protegerme como un escudo, y de ahí en adelante él siguió apareciendo y gradualmente nos hicimos amigos. Me contó que su nombre es Miguel y muchos años más tarde me dijo que él es el Arcángel Miguel.

 Tu hijo te ha escogido como su padre o su madre.

He estado tratando de encontrar una manera de explicar lo importante que es ser padre. El Ángel Miguel me ha dicho que les recuerde a ustedes que su hijo los escogió como padres, igual que Jesús escogió a la Santa María para que fuera su madre y a José para ser su padre en la tierra.

Tu hijo te ha escogido como su padre o su madre. Por increíble que te parezca, tu hijo, cuando todavía era un alma en el Cielo, antes de ser concebido, te escogió a *ti* para que fueras su padre. Y te escogió sabiéndolo todo de ti, lo bueno y lo malo. Aun sabiendo que podrías no ser el mejor padre o la mejor madre, te escogió por encima de los demás. No sé explicar por qué las almas que no han nacido escogen un padre en particular, "¿Por qué mis hijos nos escogieron a Joe y a mí?".

Los bebés también escogen a sus padres adoptivos o padres de crianza. A veces un alma puede haber escogido más de dos padres, porque sabe que uno de ellos podría morir o no ser capaz de criarla.

En cierta ocasión estaba en Belfast autografiando libros, y se acercó una pareja joven que aún no llegaba a los treinta. Había muchos ángeles a su alrededor, pero la luz de sus ángeles guardianes no se había abierto, aún. El esposo, muy emotivo, estalló:

—Estamos tratando de adoptar porque no podemos tener hijos propios —y cuando dijo eso, ella empezó a llorar.

Un hermoso ángel que estaba a su derecha se inclinó para abrazarla. Su esposo trató de consolarla y me pidió que rezara para que la solicitud de adopción fuera aprobada. La joven tomó mis manos y dijo:

—Por favor Lorna, pídele a Dios que nos conceda un hijo. Queremos una familia. Seremos buenos padres, seremos los mejores —mientras su esposo asentía con la cabeza.

—Voy a rezar y pediré por ustedes —les prometí—. Sigan pidiendo a los ángeles de la guarda de todas las personas involucradas en el proceso de adopción que ayuden a que les den un hijo.

El hombre me miró y dijo:

—No nos importa su edad o nacionalidad y tampoco si es niño o niña, queremos un hijo que sea nuestro.

Los bendije y recé por ellos.

Los miré mientras se alejaban, abrazados, de la mesa donde yo estaba firmando los libros. La luz del ángel de la guarda que iba detrás de cada uno de ellos se abrió y los ocultó a mi vista por un momento, y desde atrás vi dos hermosos ángeles de la guarda, mucho más altos que el hombre y la mujer, y resplandecientes como el oro. Ambos tenían apariencia masculina, sus ropas eran como largas capas doradas de pliegues perfectos. Tenían las alas cerradas y no me las mostraron plenamente. Cuando la pareja salía tomados del brazo y escoltados por sus ángeles, se me dijo que su bebé ya los había escogido a ellos y los estaba esperando.

Cuando me encuentro personas con problemas para tener hijos siempre les digo que no se den por vencidos. La infertilidad no significa que un alma no te haya escogido para que seas su padre o su madre. Escucha a tu ángel de la guarda y atiende a las sugerencias que se te estén dando. Conocí una madre en Kilkenny y me contó que ella y su esposo habían decidido adoptar un bebé rumano. Ellos viajaron a Rumania creyendo que recibirían un bebé de menos de seis meses. En el orfanato, la encargada los condujo hasta un patio donde jugaban pequeños que tenían de tres a cinco años y trató de entregarles uno de esos niños.

La pareja seguía protestando porque habían ido en busca de un bebé, pero ella seguía encogiéndose de hombros y diciendo, "Bebés no, solo estos bebés". Esto duró un buen rato y los padres adoptivos se alteraban cada vez más. Hicieron desfilar una serie de niños frente a ellos.

Por el rabillo del ojo la futura mamá empezó a observar una andrajosa niñita que lloraba sola junto a un columpio y se sintió atraída por la pequeña. Estos padres jamás habían considerado la idea de adoptar un niño de tres años, y mucho menos alguien de tres años que hubiera sufrido un daño mental y emocional que le impediría valerse plenamente por sí misma en el mundo. Pero, para su propia sorpresa, ellos mismos escogieron esta aterrorizada criatura de tres años, a la que le daba temor siquiera abrazarlos y gritaba todo el tiempo.

Esa pequeña alma los había escogido como padres antes de nacer y ellos escucharon a Dios y sus ángeles y la reconocieron. Cuando la madre me contó esto, la niña ya llevaba varios años en Irlanda. Todavía tenía muchas dificultades y necesidades especiales, pero con el amor y la paciencia de sus padres ahora ya podía expresar afecto.

Los ángeles que estaban conmigo me pidieron que preguntara a la madre si volvería a escogerla otra vez. Ella me miró sorprendida y pensó muy bien su respuesta:

—No puedo imaginarme la vida sin ella. Nuestra vida no es fácil ahora, y no lo será jamás porque la pequeña siempre necesitará nuestra ayuda. Pero la amamos, es nuestra hija y con nuestro amor, si Dios quiere, se convertirá en una persona adulta afectuosa y gentil.

Años atrás, cuando Ruth era solo una bebita, el Ángel Miguel me dijo que yo escribiría un libro sobre Dios y los ángeles. Cuando le dije que no sabía leer ni escribir adecuadamente, me respondió que recibiría ayuda y años más tarde, después de que mi esposo murió, esa ayuda se materializó en mi amiga y agente, Jean. Ya en Johnstown, el Ángel Miguel me dijo que Jean no estaba ahí solo para ayudarme a llevar el mensaje de Dios y los ángeles al mundo, sino que también jugaría un papel especial e importante para mi hija Megan. Jean estaba ahí para ayudar a Megan a descubrir sus talentos y capacidades para el mundo. Ha sido maravilloso ver desarrollarse este proceso durante los nueve años que Jean ha estado en la vida de Megan, quien tenía seis cuando la vio por primera vez. Sus hermanos y su hermana, por supuesto, han sido parte importante de la vida de Megan, pero lo de Jean es completamente distinto. Jean es una persona bien educada y muy viajada, que puede hacerle ver a Megan las cosas en formas que yo no podría (¡Megan la llama "la enciclopedia"!) y además de ser una amiga muy especial para Megan ejerce sobre ella una importante influencia.

A lo largo de la vida de mis hijos he podido ver la influencia y ayuda que ellos han recibido de otros adultos. Por ejemplo a Christopher mi hijo mayor, lo benefició enormemente la amistad y el apoyo del padre de uno de sus amigos. Este señor se interesó particularmente por Christopher en la época en que su padre estuvo enfermo, lo ayudó a reconocer sus aptitudes y decidió que debía estudiar ingeniería. Siempre estaré agradecida con este hombre y los demás adultos que han asistido a mis hijos, por su ayuda y apoyo. Como lo repito a menudo, no puedo hacerlo todo yo sola y ningún padre puede.

Los ángeles traen adultos a la vida de los niños. A veces solo por un breve período, como el de una palabra de aliento, y otras por más tiempo. Los ángeles me dicen que todo adulto debe hacer su parte con los jóvenes que estén a su alrededor. El papel de los padres será el más importante, pero los ángeles me dicen que para crecer como es debido nuestros hijos necesitan de la amistad, atención y apoyo de los adultos que sin ser sus padres están a su alrededor.

Estaba yo en los establos donde Megan practica equitación, y una de las mujeres, que estaba embarazada, además de su ángel de la guarda, tenía a su alrededor ángeles que danzaban jubilosos, muy emocionados por ese pequeño bebé que debía nacer en un mes. Por un momento pude ver dentro de ella a su hijo y también el amor que ese bebé profesaba a su madre y su alegría al sentir que ella lo protegía y mantenía a salvo. Tu hijo te ama desde mucho antes de haber nacido.

Algunas veces cuando se me permite ver un bebé en el vientre de su madre, los ángeles que la rodean me dicen que ese pequeñito no se quedará. Cuando un ángel me dice eso, entiendo que habrá un aborto. A pesar de ello, los ángeles me muestran todo el amor que ese diminuto bebé está derramando sobre la madre que ha escogido. El alma escogió a ese padre y esa madre aun a sabiendas de que no nacería. Les he preguntado a Dios y los ángeles por qué ocurre algo así, por qué aborta una madre. Pero no me han respondido por completo. Me han dicho que básicamente tiene que ver con el camino de vida de esa alma pequeñita, breve como es, más que con el de los padres. Pero el alma de ese bebé ama tan profundamente a sus padres que permanece cerca de ellos aun después de su muerte para consolarlos y aliviar el dolor de su pérdida. Es tanto el amor que esa alma pequeñita siente por sus padres que siempre está ahí para ellos cuando la necesitan. El bebé, por supuesto, se ha ido al Cielo y es feliz pero, por más difícil que sea entenderlo, puede estar con sus padres y en el Cielo al mismo tiempo.

Lo mismo pasa con cualquier bebé que haya sido abortado. En una sesión de firma de libros, recientemente, una mujer joven me contó que se había practicado un aborto algunos años atrás. Mientras lloraba sentada frente a mí, se me mostró el espíritu de un bebé en su regazo. La expresión de amor de la carita del espíritu de ese bebé era conmovedora. Vi el amor incondicional que sentía por su madre. La había escogido a ella aun sabiendo que habría un aborto.

He conocido muchos padres y con frecuencia me preguntan cómo pueden ser mejores padres o madres. Muchos me dicen en particular que no creen ser buenos padres. Una vez se me acercó en un hotel de Londres un hombre de unos treinta años y me pidió dedicarle unos minutos. Los ángeles me dijeron al oído que lo hiciera, así que le sugerí sentarnos en una mesa junto a la ventana. Me dijo que no creía ser un buen padre, que eso lo preocupaba y le estaba causando mucho estrés.

—Tengo una niña de siete y un niño de diez —me dijo—.

Trato a mi hijo como si fuera estúpido aunque sé que probablemente no lo es. Lo critico y hago exactamente lo que mi padre hizo conmigo: él me comparaba con los hijos de sus amigos. Me siento muy mal por hacerlo, pero no puedo evitarlo.

Me contó que cuando llegaba del trabajo iba a hablarle a su hijo mientras hacía sus deberes y miraba en sus libros los ejercicios para señalarle lo que había escrito mal. O le pedía que leyera en voz alta y se impacientaba si no lo hacía con soltura o se equivocaba al pronunciar.

—Mi papá hizo exactamente lo mismo conmigo, todo el tiempo me encontraba errores. Me convirtió en un manojo de nervios y ahora yo estoy haciéndole lo mismo a mi propio hijo. —En los ojos tenía lágrimas que trató de ocultar con la mano, mientras me preguntaba—: ¿Cómo hago para cambiar eso, Lorna?

Lo miré y dije:

—Recuerda, tu padre hizo lo mejor que él podía. No era perfecto. Ningún padre lo es, y él solamente hizo lo que mejor pudo. Pero tú reconoces que esa no es la manera, que él se equivocó y deseas hacerlo mejor. Aunque no lo creas, solo eso ya te hace un buen padre. Pide a tu ángel de la guarda que los ayude a ti y a tu hijo para que se vuelvan amigos. Tu hijo te ama y tú los amas a él y a tu hija.

Mientras yo pronunciaba esas palabras, la luz de su ángel de la guarda se abrió por un momento y lo envolvió. Sin palabras, su ángel de la guarda me dijo, en forma muy compasiva y afectuosa, que siguiera animándolo pues ya era un buen padre.

—Pídele a tu ángel de la guarda que te ayude a ser paciente con tu hijo —continué—. Recuerda que solo es un niño y tiene mucho que aprender. Cuando revises sus deberes busca las cosas que haya hecho bien. Hazle saber que estás muy orgulloso de él. Y lo más importante, pasa más tiempo jugando con tu hijo y tu hija, y escúchalos con atención cuando te estén contando algo. De esa manera, cuando crezcan, ellos compartirán contigo sus preocupaciones y dificultades y jamás temerán contarte sus problemas.

El hombre seguía allí sentado secándose las lágrimas.

—Tendrás una magnífica relación con tus hijos —le dije—, incluso cuando ellos ya sean adultos y tú seas abuelo.

El hombre me sonrió y dijo:

—Siento haber sido tan emotivo. Nunca antes había llorado en público.

Sonreí y le dije que no se preocupara, pues eso pasa mucho a mi alrededor.

—Solamente recuerda—, dije al inclinarme para bendecirlo—, pide a tu ángel de la guarda que te ayude a ser un padre admirable y pide a los ángeles de la guarda de tus hijos que también te ayuden.

Muchos padres se han vuelto conscientes de que ellos y sus hijos tienen un ángel de la guarda que no los abandona ni un segundo, al que pueden pedirle que pida a los ángeles guardianes de sus hijos que los ayuden. Muchas madres que me cuentan que cada mañana cuando salen para la escuela ellas les recuerdan a sus hijos que tienen un ángel de la guarda. Me dicen que les piden a los ángeles de la guarda de sus hijos que los cuiden en la escuela y los ayuden en sus estudios y juegos.

Bastantes padres y madres me han dicho que saber que ellos y sus hijos tienen un ángel de la guarda los ha vuelto padres mejores, que saber que hay ángeles para ayudarles les ha facilitado la vida y los ha orientado para que sean mejores padres. Me dicen que cuando se sienten irritados o estresados toman consciencia del consejo de su ángel de la guarda de que sean pacientes y entonces sienten cómo se van relajando y volviendo más amorosos, y en sus casas hay más alegría.

Sé por experiencia propia que ser padre no es fácil. De hecho a veces puede ser muy estresante, pero recuerda que ser padre es el mejor trabajo del mundo.

CAPÍTULO CINCO

La oración puede mover montañas

LA ORACIÓN ES UNA FUERZA MUY PODEROSA. Nosotros la subestimamos mucho. La oración movería montañas si tan solo se lo permitiéramos. Si te dieras cuenta de lo poderosa que puede ser, nunca más sentirías la desesperanza.

Tal vez pienses que no rezas mucho. A lo mejor crees que no rezas del todo. Pero un pensamiento rápido que te cruza por la mente, una palabra o un grito pidiéndole ayuda a Dios, pueden ser una oración. Incluso las que podríamos considerar groserías, de hecho a veces pueden ser plegarias, si salen del alma.

Yo les hablo y les pido ayuda a los ángeles; les pido que intercedan, pero no les rezo. Solamente le rezo a Dios. La oración es comunicación directa con Dios.

Nadie reza solo jamás. Sea cual sea tu fe religiosa o tu comportamiento, cuando le rezas a Dios hay una multitud de ángeles rezando contigo, dando realce a tu oración, intercediendo por ti e implorándole a Dios que te escuche. Cada vez que tú rezas, aunque sea una sola palabra, los ángeles de la oración son como una corriente interminable que fluye a velocidades extremas hasta el Cielo, con tus plegarias.

Es muy difícil describir a los ángeles de la oración, sobre todo porque cuando los veo generalmente van cientos de miles de ellos formando un torrente de luz en constante movimiento, un poco como una catarata que cayera de grandes alturas, solo que en lugar de caer va subiendo. Rara vez veo ángeles de la oración inmóviles, pero voy a describir uno que alguna vez alcancé a ver. Los ángeles de la oración son muy pero muy altos, mucho más altos que cualquier persona, con largas alas esbeltas siempre en movimiento. Su apariencia no es masculina y tampoco femenina, pero están rodeados por una luz reluciente, que resplandece como los rayos del sol. Sus ropas parecen largas y fluidas togas blancas. Algunas veces cuando están en movimiento alcanzo a vislumbrar algún otro color, pero siempre es muy sutil. Los ángeles de la oración son bellísimos.

Sé que es difícil creer que veo cientos de miles de ángeles de la oración fluyendo como un río hacia el Cielo, llevando las oraciones de las personas y presentándolas ante el trono de Dios. Pero eso es lo que se me ha mostrado; es como si los ángeles de la oración llevaran cada trocito de plegaria, cada una de sus sílabas, hasta el Cielo. Cuando la persona deja de rezar, el flujo se detiene, pero tan pronto reza de nuevo se reanuda el movimiento del torrente de ángeles de la oración.

A veces las personas me preguntan cómo rezar. Empezaré por contarles cómo aprendí a rezar siendo muy niña. Tendría unos cuatro años y me enseñó a rezar un ángel especial. Fue el Ángel Amén, pero solo años después vine a saber que era "el ángel especial de la oración".

El Ángel Amén se sentaba conmigo en mi cama para enseñarme a rezar. Se sentaba con las piernas cruzadas como una adolescente, cubiertas por su falda muy amplia. El Ángel Amén tenía la apariencia de una hermosa joven de rubios cabellos largos color miel y rizados. Me habían cortado mis propios rizos poco antes de conocerla, así que su cabello me impresionó mucho. La tela de su vestido color crema, parecía una seda muy fina que llevaba diseños bordados, pero no tengo idea, ni siquiera ahora, de lo que simbolizaban. Bien ajustado hasta el talle, su vestido tenía una falda muy amplia que le llegaba a los pies y mangas largas y anchas.

El Ángel Amén nunca venía si había alguien más en la habitación que compartía con mi hermana Emer, dos años mayor que yo. Casi siempre venía cuando yo estaba metida en la cama lista para dormir, pero a veces se presentaba durante el día si estaba jugando sola en mi habitación.

Tomaba mi mano y la guiaba para hacer el signo de la cruz. Me estaba enseñando un símbolo cristiano porque yo había nacido católica. Si hubiera nacido bajo alguna otra tradición religiosa sé que me habría enseñado lo que fuera importante en esa tradición.

Me enseñó a rezarle a Dios usando mis palabras normales de todos los días y también me enseñó algunas de las oraciones formales de la Iglesia Católica, como el Ave María y el Padre Nuestro. Más adelante, esas las aprendería también en la escuela.

Unas veces me decía que cerrara los ojos y otras veces que la mirara a ella. Me enseñó algunas oraciones especiales que según me dijo no debía compartir con nadie jamás. Es muy extraño, parece que las hubiera olvidado al crecer, pero creo que el Ángel Amén me las ha ocultado.

El Ángel Amén me enseñó una forma de oración meditativa, en la cual yo rezo con cada partícula de mi cuerpo y mi alma. Es una oración muy intensa y profunda y desde niña he rezado en esa forma por algún tiempo cada día de mi vida. A veces pocos minutos, a veces más, pero cuando rezo así es como si el tiempo no importara y experimento una inmensa alegría.

El Ángel Amén también me enseñó cómo mantener mi alma en constante oración, incluso si estoy haciendo otras cosas. Aun ahora, mientras escribo esto, estoy rezando por cosas por las que me han pedido orar. Es difícil explicar cómo puedo hacer dos cosas al mismo tiempo, pero las hago.

El Ángel Amén me impartió la mayor parte de sus enseñanzas entre los cuatro y los seis años. En esa época me visitaba con bastante regularidad. Ahora lo hace una vez al mes. Me encanta que el Ángel Amén venga a rezar conmigo. Cuando me toma la mano es tanta la paz que me transmite que cada palabra de nuestras oraciones se siente muy lenta y muy larga. No sé exactamente por qué viene, pero creo que es porque su presencia da realce a mis oraciones. Cuando ella viene a rezar conmigo, recuerdo de nuevo las plegarias especiales que me enseñó, pero a la mañana siguiente ya he olvidado esas palabras.

El Ángel Amén juega un papel muy importante en ayudar al mundo a rezar, religiones o creencias aparte. La palabra "Amén" es el principio y el final de cualquier plegaria y es una palabra muy importante. Trata de usarla al final de tus oraciones, porque les dará realce. Por eso es que Dios la puso ahí. Pero no te preocupes si se te olvida decir "Amén". Los ángeles de la oración la dirán por ti.

Sé que todo el mundo puede aprender a rezar y si se lo pides al Ángel Amén, ella te ayudará. Solo necesitas decir, "Ángel Amén, por favor enséñame a rezar".

Trata de adquirir el hábito de rezar aunque sea una plegaria pequeña. Puedes hacerlo frente al lavaplatos, mirando por la ventana o caminando por una calle. Tal vez digas una oración por algo que te preocupa, algo que hayas visto u oído en las noticias o algo que agradeces, nada es demasiado grande ni demasiado pequeño como para no merecer una oración. Empieza a tomarte un momento cada día para rezar, sabiendo que los ángeles de la oración estarán ahí contigo.

Puede ser una oración tan sencilla y cortica como "Ayúdame Dios mío. Amén".

Te asombraría saber lo que una oración así sea tan pequeña puede lograr. Con el tiempo, rezar, aunque sea un momento cada día, te dará una sensación de paz. Cuando reces, trata de tener consciencia de que tienes un alma, de que eres algo más que carne y huesos. Pídele a Dios que te conecte más con tu alma, para que cuerpo y alma se vuelvan uno solo cuando tú reces. A medida que reces más, te volverás más espiritual y sentirás que te elevas espiritualmente. Sé que un solo segundo de sentir la conexión de tu alma con tu propio ser, te dará una inmensa alegría.

A algunas personas les gusta rezar solamente oraciones formales como el Padre Nuestro, pero también puedes rezar si simplemente le hablas a Dios como hablarías a un amigo, y le pides ayuda. A veces nos parece que no encontramos las palabras adecuadas para rezar, o que nuestras palabras no son tan buenas. Cualesquiera que sean las palabras que uses serán buenas, y los ángeles de la oración les darán realce. No hay nada demasiado pequeño para rezar por eso.

Ocasionalmente, los ángeles me permiten escuchar a alguien que reza: una madre en la iglesia que mientras sus hijos corretean a su alrededor, dice una breve plegaria por que duerman esa noche. Un joven en la parada de autobuses que reza por que el bus llegue rápido. La gente reza por las cosas de todos los días y ver eso es maravilloso.

El Ángel Miguel siempre me ha dicho que aunque hay distintas religiones Dios es solo uno y en el futuro todas se unificarán. También me ha dicho que las oraciones de la gente de todas las religiones son igualmente poderosas.

Nada es demasiado grande para rezar por eso. A veces nos abruma ver situaciones de guerra o hambruna y pensamos que no hay nada que podamos hacer para ayudar. Pero sí podemos. Podemos rezar. Jamás debemos dudar del poder de la oración. Si nos conmueve algo que hemos visto en los noticieros de televisión o leído en los periódicos, debemos decir una plegaria. De hecho todo sentimiento de tristeza o compasión en nuestro interior ya es un tipo de plegaria. Pero se vuelve mucho más grande si lo expresamos verbalmente en una oración.

Cuando escuches una ambulancia o pases por un hospital, di una oración rápida por el que esté enfermo y por quienes lo estén cuidando. Cuando veas por la calle alguien en dificultades, di una plegaria por esa persona. Todos necesitamos expandir el ámbito de nuestras plegarias fuera de nosotros mismos, nuestras familias y amigos. Debes rezar por otras personas, incluso por gente de todo el mundo que jamás has conocido.

Necesitamos rezar por nuestras comunidades y por sus líderes, políticos, empresarios, eclesiásticos y comunitarios. Todos necesitamos rezar para que ellos escuchen a Dios y sus ángeles y tomen las decisiones correctas, porque sus decisiones nos afectan a todos.

**Creo que a todos y cada uno
de ustedes se les ha mostrado
el poder de la oración en
su propia vida.**

Con demasiada frecuencia nos olvidamos de dar gracias, de decir una plegaria de agradecimiento. Cuando lo hacemos, nos ayuda a apreciar más las bendiciones que hemos recibido, además de que fortalece y profundiza nuestra fe y nuestra relación con Dios. Decir plegarias de agradecimiento nos ayuda a caer en cuenta de lo mucho que realmente tenemos y nos da esperanza y confianza en el futuro.

Quería incluir algunas plegarias especiales en este libro y pedí al Ángel Amén que viniera a ayudarme. Estaba trabajando en el computador cuando ella apareció a mi lado, se sentó en el piso y dijo algunas palabras de oración en los que me parecieron segundos, pero que debieron ser mucho más. Y entonces desapareció. Estaba muy nerviosa pensando que olvidaría la oración pero el Ángel Hosus vino y me ayudó a recordar las palabras que el Ángel Amén me había dicho para compartirlas con ustedes. Es una plegaria para darle gracias a Dios.

Oración de agradecimiento

*Gracias por todas las bendiciones que me has
  concedido, Dios mío.
La bendición de tener un alma, que es una
  partícula de tu luz;
La bendición de regalarme un ángel de la guarda
  por toda la eternidad, que jamás me abandona
  ni siquiera un segundo;
La bendición de la paz y el amor que viven
  en mí;
La bendición de la familia que me has dado;
La bendición de los que envías a mi vida para
  acompañarme;
La bendición de vivir en armonía con los que me
  rodean;*

La bendición de mi labor, mi trabajo;
La bendición de todas las cosas materiales,
pequeñas y grandes, que tengo en mi vida;
La bendición de este mundo maravilloso y la
naturaleza que me rodea.
Gracias, Dios mío, por todas las cosas que olvido
agradecerte;
Y sobre todo, gracias, Dios mío, por seguir
bendiciendo mi vida.
Amén.

Rezar con otras personas es muy poderoso, sobre todo si se reza en comunidad por una misma causa. Cuando estoy en misa, que es la forma de oración en grupo con la que estoy más familiarizada, la mayor parte del tiempo se me muestran las personas rezando por sus propias necesidades y las de sus familias y amigos. Pero cuando se nos pide que todos recemos por un grupo o una necesidad en particular, y la mayoría de las personas eleva sus plegarias con esa intención, puedo ver cómo se intensifica la oración, y veo más y más ángeles de la oración fluyendo hacia el Cielo.

El Ángel Amén me ha contado que cuando personas de diferentes religiones rezan juntas, el poder que se genera es muy grande.

Cada vez que entro a una iglesia, mezquita, sinagoga, templo o cualquier lugar sagrado, veo rezando a cientos de ángeles que no son ángeles de la oración. No importa a qué religión pertenezca el lugar, si pertenece a alguna. Sea edificio o espacio exterior, aunque ya no se esté usando para la oración, sigue siendo un lugar santo y allí habrá ángeles rezándole a Dios.

Cualquier sitio en el que alguien rece se puede convertir en un lugar santo, puede ser una habitación en particular, una silla de tu casa o un rincón en el parque. Cuando rezas allí regularmente, parece que los ángeles dejaran atrás algo en ese lugar específico, que se vuelve más tranquilo y calmado. Esa es una de las razones por las cuales muchas personas encuentran más fácil rezar en un mismo lugar siempre que les sea posible.

Muchos de nosotros usamos cosas materiales para ayudarnos a rezar. Algunos usamos cuentas, libros de oración, incienso o encendemos velas. Todos son símbolos que las diferentes tradiciones religiosas consideran santos y nos ayudan a conectarnos con Dios, pero debemos recordar que somos nosotros quienes los necesitamos, no Dios. Las velas, por supuesto, son un símbolo de esperanza, un símbolo de la luz de Dios. Las personas encienden velas por muchas razones distintas. Una de mis razones favoritas es cuando encienden una vela en su casa para hacer de ella un lugar santo, un lugar de paz y de amor.

Me encanta rezar con otras personas, sea cual sea su religión. Me produce mucha alegría y obtengo mucha fuerza y poder al hacerlo, es como si rezar con ellas elevara mi alma y la siento danzar.

Anhelo que llegue el día en que personas de todas las religiones recen juntas en más ocasiones. Recientemente, estando en Estados Unidos, me hicieron el honor de invitarme a hablar en una gran convención católica en San Francisco, a rezar en una mezquita en Nueva York y también a rezar con una comunidad hindú. La convención de tres días en San Francisco me dio mucho gusto: hubo mucha oración en esos tres días y no solo durante la misa o cuando se decían las plegarias formales. Mientras me entrevistaban frente a la audiencia, de repente veía el destello de ángeles de la oración elevándose desde alguien y por eso sabía que esa persona acaba de decir una plegaria.

Quiero contarles lo que vi en una misa de esta convención, pero veo cosas similares, por supuesto, en las misas de mi propia iglesia local o en cualquier otra parte del mundo donde asista a una misa.

Al empezar la misa en el gran salón de conferencias la luz del ángel de la guarda de cada persona comenzó a brillar. También había muchos ángeles en el altar improvisado sobre una tarima grande que parecía enorme, por la cantidad de ángeles que había reunidos ahí. Estaban dos ángeles muy grandes, uno a cada lado del sacerdote. Cuando el sacerdote alzó la Hostia, un ángel enorme pareció pasar por entre su cuerpo y levantar la Hostia con él para seguir con ella hasta el Cielo en un solo destello. Fue absolutamente maravilloso ver eso. En el preciso instante en que el ángel elevaba la Hostia al Cielo, la luz del Espíritu Santo bajó hasta la Hostia y le infundió la gracia de Dios. Cuando la gente fue a recibir la Comunión, un ángel a cada lado del sacerdote elevaba la Hostia mientras las personas comulgaban.

Recientemente, como ya dije, me invitaron a rezar en una mezquita en Nueva York. Aunque la mezquita estaba muy concurrida, había tal vez unos quinientos hombres y cincuenta mujeres, el lugar estaba atiborrado con miles y miles de ángeles. Parecían ocupar todo el espacio disponible y fue hermoso ver que mientras hombres y mujeres se postraban, los ángeles se inclinaron en igual forma. La comunidad estaba tan embebida en su oración, tan concentrada, que el resplandor de los ángeles de la oración ascendiendo en un flujo constante hasta el Cielo bañaba de luz al recinto. El imán hablaba a la congregación alentándolos y dándoles esperanza, rodeado por unos ángeles muy altos, todos de apariencia masculina, y me imagino que sus vestiduras eran similares a las que tal vez usaron los sacerdotes siglos atrás. Un hermoso ángel era muy prominente. No era el ángel de la guarda del imán. Este era un ángel muy alto y fornido, llevaba pesadas vestiduras, y vi oro en ellas. No le vi alas. Su cabeza era grande y masculina y llevaba un tipo de sombrero extraño, plano al frente, que no era del todo redondo. El ángel había puesto sus manos en los hombros del imán, como sosteniéndolo con mucha gentileza y cuidado, y parecía estar hablándole todo el tiempo.

Abrigo la esperanza de que en el futuro más congregaciones de diferentes confesiones me inviten a orar con ellos y rezo porque entonces oremos todos juntos en muchas ocasiones más. La oración es una poderosa fuerza para el bien de este mundo. Podríamos lograr mucho si lo reconociéramos y rezáramos juntos. Imaginen que todas las personas del mundo, sea cual fuere su religión, se pusieran de acuerdo para suspender lo que hacen y rezaran juntas unos minutos al día a la misma hora. El efecto de la humanidad orando al unísono sería inmenso para nuestro mundo.

Todos los días veo en el mundo el poder de la oración; veo milagros que ocurren gracias a la oración, pero no puedo explicar y tampoco probar que existe ese poder. La oración opera en formas misteriosas y no tenemos conciencia de muchas de las cosas que son resultado de la oración.

Creo que todos los días ocurren milagros pero la mayoría de las veces no los vemos. Muchos de ellos son milagros pequeños, que aun siéndolo pueden cambiar significativamente la vida de una persona o una familia.

Creo que a todos y cada uno de ustedes se les ha demostrado el poder de la oración en su propia vida. Creo que otras personas han rezado por cada uno de ustedes en alguna ocasión, personas que les son completamente desconocidas, pero ustedes se han beneficiado de esa oración. Nuestras plegarias siempre son respondidas, lo que ocurre es que no siempre son respondidas en la forma que esperamos nosotros. Dios y los ángeles me aseguran que no hay plegaria que no sea escuchada o atendida. Nos cuesta mucho entender por qué si hemos rezado para que alguien se cure, esa persona se muere. ¿Por qué no fueron respondidas nuestras plegarias? ¿Por qué nuestras oraciones por la gente que está muriendo de hambre no son escuchadas?

Comprendo a la gente que hace esas preguntas.

Pensando, hablando y rezando por esas preguntas mientras escribo este capítulo, me he dado cuenta de que hay cuatro grandes razones por las cuales las personas sienten que sus oraciones no han sido atendidas.

A veces rezamos por algo que no es parte del plan de

Dios, así que nuestro ser querido tal vez no se cura porque esa es su hora de irse a casa con Dios.

A veces rezamos por cosas que queremos y creemos que debemos tener y nos decepcionamos cuando no las obtenemos. Nuestro deseo de conseguir lo que creemos necesitar a menudo nos ciega, y muchas veces no caemos en cuenta de lo que en realidad necesitamos. Con frecuencia nos pasa que al mirar atrás nos alegramos de no haber obtenido algo por lo que habíamos rezado.

A veces nuestras plegarias no reciben respuesta porque nosotros mismos u otras personas abrimos las puertas al otro bando, dejamos entrar el mal. Así es que las guerras pueden empezar y seguir a pesar de nuestras oraciones.

Pienso que la cuarta razón es que las personas no han escuchado y tomado acción. Eso puede ser por temor, por miedo al ridículo, a la pobreza o al fracaso, o por complacencia. Dios y los ángeles necesitan que hagamos cosas en este mundo. Necesitamos rezar, sí, pero también necesitamos actuar. Todos y cada uno de nosotros tiene un papel que jugar.

Debemos tener fe y seguir rezando, aunque nuestra fe en el poder de la oración a veces se tambalee. De hecho siempre afrontará retos porque jamás tendremos una visión completa de la visión que Dios tiene para nuestro mundo.

Es posible que no siempre veamos los resultados de nuestras plegarias, pero los veamos o no, debemos tener fe en que ellas están marcando una diferencia en nuestras vidas y en el mundo en su totalidad. La oración da esperanza, y a veces todo lo que tenemos es esa esperanza.

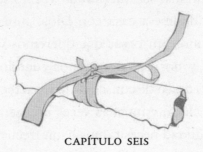

CAPÍTULO SEIS

Todos llevamos la gracia de la sanación en nuestro interior

IBA YO POR EL CORREDOR DE UNA RESIDENCIA para enfermos terminales en Dublín, después de visitar una amiga, cuando vi dos mujeres sentadas en el amplio alféizar de una ventana, y un hombre de pie a su lado. Pude ver la luz de sus ángeles de la guarda tras ellos, pero no vi más ángeles. La puerta de la habitación que tenían al frente estaba cerrada, pues era una habitación para personas agonizantes. Supe que ellos eran familiares y amigos acongojados y pude ver que una energía especial emanaba de cada uno de ellos hacia los otros dos. Se me estaba mostrando la gracia de la sanación. Vi la onda de energía que brotaba por todos los poros de sus cuerpos llevando la fuerza, pero también ternura.

La gracia de la sanación es diferente a cualquier otra energía que yo veo, y cuando pasé junto a ellos pude sentir la quietud y la calma absoluta que siempre percibo en esta gracia. La energía no iba dirigida a la habitación donde su ser querido estaba muriendo; la estaban compartiendo esas tres personas, a las que ayudaba a aliviar su pena y dolor.

Cada uno de nosotros lleva en su interior la gracia de la sanación, un regalo maravilloso de Dios, que veo actuar todos los días. Ver una madre o un padre acunar un hijo en sus brazos para consolarlo, es hermoso. El niño puede estar lastimado física o emocionalmente, por una rodilla raspada o por una tristeza, pero el padre o la madre, por lo general sin saberlo, están bañando a su hijo con la gracia de la sanación. Es maravilloso ver que la gracia de la sanación fluye de padre a hijo y el niño deja de llorar y vuelve contento a jugar.

Los niños usan la gracia de la sanación entre ellos. Si un niño se lastima cuando están jugando en grupo, los otros chiquillos vienen y arman un gran alboroto mostrando su preocupación y su amor. Entonces el niño lastimado olvida el dolor y vuelve a jugar. Todo el tiempo estamos viendo actuar la gracia de la sanación, pero la mayoría de nosotros no la reconoce.

Esto no se da solamente de padres e hijos. Cada uno de nosotros lleva la gracia de la sanación en su interior. Cuando tratas de ayudar a alguien que se ha lastimado, alguien que amas o alguien que ni siquiera conoces, tú estás usando la gracia de la sanación. El amor y la compasión liberan el poder de sanación que está en tu interior. Desde que era una niña, el Ángel Miguel me dijo que el amor es la fuerza que impulsa la gracia de la sanación.

No había hablado mucho de esta gracia de la sanación

antes, pero yo la uso constantemente, puede ser con personas que encuentro en la calle o de compras en el supermercado. Para mí es tan natural que me sorprende un poco que la gente me pregunte por ella.

Mientras trabajo en este capítulo se me ha señalado que la forma en que hablo de la gracia de la sanación se parece mucho a lo que he dicho del poder de la oración y del amor. Puedo entenderlo, porque la oración y el amor también contienen aspectos de sanación. Pero veo que aunque los tres se relacionan, la gracia de la sanación que está dentro todos y cada uno de nosotros es diferente a la oración y al amor. La única forma en que puedo explicar la gracia de la sanación es diciendo que pasa de tu alma a tu cuerpo para ayudar a que te sanes tú mismo y sanes a otros.

Todos llevamos la gracia de la sanación en nuestro interior; es algo completamente natural que usamos instintivamente. Lo que pasa es que no la reconocemos en nosotros mismos. Todo el tiempo veo gente usando la gracia de la sanación, pero el 99 por ciento del tiempo sé que la persona no tiene consciencia de que está transmitiendo sanación. Cuando una persona es consciente de estar usando la gracia de la sanación, yo puedo ver que esta gracia se intensifica.

Una vez que hayas tomado consciencia de que en tu interior llevas la gracia de la sanación, y tengas la intención de usarla, poco a poco aprenderás a transmitirla. Cuanto más consciente seas de ella más te sorprenderá lo que puede hacer. Esto no quiere decir que las personas se vuelvan sanadoras. Quiere decir que en su vida diaria ellas pueden tener consciencia de esta gracia y usarla en situaciones comunes y corrientes, como con la vecina que tiene un reemplazo de cadera, con el dolor de cabeza de tu hermana o con un compañero de trabajo que se siente estresado. Hay quienes la usan visualizando que la gracia de la sanación fluye hacia la persona, pero yo no uso visualizaciones.

Por sorprendente que parezca, también podemos usar la gracia de la sanación con nuestras mascotas. Cuando un animal muy amado se enferma puedes permitir que la gracia de la sanación ayude a que esa mascota se cure. Amo los animales, y a través de los años he tenido muchas mascotas en las que he puesto esto por obra con solo abrazarlas, acariciarlas y hablarles suavemente.

Dios nos ha dado la gracia de la sanación para que la usemos en nosotros mismos. Entonces, ¿por qué no aprovecharla? Cuando alguien la está usando en sí mismo veo la gracia de la sanación brotando de todo el cuerpo, de pies a cabeza, como una ola que fluye hasta unos treinta centímetros fuera del cuerpo y luego, igual que revientan las olas del mar, se devuelve para llenar ese cuerpo del que salió. Cuando reingresa la veo fluir como un río, como una línea de oro, hacia la parte del cuerpo que necesita ayuda.

Toma consciencia de la gracia de la sanación que proviene de ti, y en lugar de dirigirla a otros, devuélvela a tu propio cuerpo y permite que te llene como una oleada de paz. Suena complicado, pero de hecho es muy simple y muchas personas lo hacen instintivamente. Intenta usar conscientemente la gracia de la sanación en ti mismo y acostúmbrate a hacerlo por trivial que te parezca la lastimadura, sea física o emocional. Siempre recuerda que hay gracia de la sanación en abundancia, y que la uses en ti no significa que habrá menos para alguna otra persona.

Muy a menudo nos falta compasión por nosotros mismos y somos nuestros más duros críticos. Conozco muchas personas que odian su propio físico y no se permiten ver la belleza de su cuerpo. Creámoslo o no, todos somos perfectos. Lo que percibes como defectos, no son defectos. Son parte de ese ser único que eres tú.

Una vez que la persona toma consciencia de esta gracia de la sanación que lleva en su interior, empieza a verse a sí misma de otra manera. Adquiere el hábito de tomarte diez segundos cada día y dedícalos a reconocer la gracia de la sanación en tu interior, así como a experimentar su poder actuando dentro de ti. Tu ángel de la guarda también te ayudará. Pide volverte más consciente de la gracia de la sanación que llevas en tu interior para que le permitas fluir dentro de ti para que sane lo que necesites.

Dios nos ha dado el don de la gracia de la sanación para usarla en nosotros mismos. Siendo así, ¿por qué no la usamos?

En cierta ocasión mientras autografiaba libros, se acercó una mujer que respiró profundo y me dijo: "Tengo que preguntarte por mi hija". Mientras lo decía, miró a una pequeña de unos cuatro años que jugaba con su hermano menor junto a los libros infantiles. Unos cinco ángeles de sanación rodeaban a la niña. Los ángeles de sanación parecen trabajar siempre en grupos pequeños, rodeando a la persona que están sanando. Los ángeles de sanación se ven muy parecidos unos a otros, pero si los miras con detenimiento verás que todos tienen diferencias muy sutiles. Esbeltos y muy altos, por lo general son de tres a cuatro pies más altos que la persona que están atendiendo. Su apariencia no es masculina ni femenina y, como todos los ángeles, son bellísimos. Sus ropajes, que los cubren de pies a cabeza, irradian una luz clara como el cristal de un blanco plateado perfecto. Las alas son apenas visibles y parece que una brisa suave las moviera todo el tiempo.

En general, los ángeles de sanación solo están ahí por momentos. Nunca parecen quedarse con una persona enferma. Es como si se fueran y volvieran cada vez que se necesita la sanación. Este día en particular, llevaban bastante tiempo allí, lo que es algo inusual.

Los ángeles de sanación usan la misma gracia de la sanación que todos y cada uno de nosotros tenemos, solo que más poderosa porque la de ellos viene directamente de Dios. Dios los baña con un haz de luz sanadora y al tocarnos, los ángeles de sanación nos traspasan la sanación de Dios. Esto es algo muy poco usual pues la mayoría de los ángeles no nos tocan.

Dios permite que los ángeles de sanación intervengan cuando nosotros se lo pedimos y la enfermedad es grave.

Jamás he visto ángeles de sanación por una afección leve. Apenas vi los ángeles con la niña, supe que los temores de su madre eran justificados. Así que me acerqué un poco más a ella, le tomé la mano y le dije:

—Cuéntame lo que te preocupa.

Uno de los ángeles de sanación que rodeaban a la pequeña vino hasta donde nosotras y se quedó junto a la madre. Eso tampoco es usual. Rara vez he visto que un ángel se separe del grupo. La madre continuó:

—A veces tengo la sensación de que mi pequeña no está bien, de que algo le pasa.

Mientras la madre me decía eso, el ángel de sanación tocó el hombro de la madre y me habló a mí sin palabras.

—Lorna, dile que lleve la niña al doctor.

También sin palabras, le pregunté al ángel:

—¿Está en peligro su vida?

—No, Lorna —respondió el ángel—, es grave, pero se pondrá bien.

Le pregunté a la madre:

—¿Has estado rezando por tu hija?

La madre me miró y dijo:

—¿Cómo lo sabes?

Le sonreí.

—Por eso es que tu hija está rodeada por ángeles de sanación. Tú pediste ayuda a Dios y Dios envió ángeles de sanación a estar con tu hija. Son los ángeles de sanación quienes han estado dándote aviso con esa sensación de que tu hija no está bien.

La madre me dijo que había llevado la niña al doctor

pero él había dicho que estaba bien. Sin embargo, ella sentía que no era así.

—Los ángeles me están diciendo que debes llevar tu pequeña de nuevo al doctor y conseguir que él ordene unos exámenes de sangre. Hay algo que debe ser atendido, pero no te preocupes, porque la niña va a estar bien. Confía en lo que sientes en tu interior y escucha. Los que te han estado dando aviso son los ángeles de sanación. Sé que los escuchas porque viniste hoy a hablarme. Recuerda que tú puedes ayudar a sanar tu hija; debes ir al doctor, pero tú también llevas la gracia de la sanación en tu interior. Abrázala y permite conscientemente que la gracia de la sanación que hay en ti fluya y se derrame sobre ella. Esto la ayudará a ponerse bien con mayor rapidez.

Cuando me estaba despidiendo de ella, vinieron sus hijos, los bendije a ellos y a su madre y pedí a los ángeles de sanación ayudar a que la pequeñita se pusiera bien lo más rápidamente posible. Al alejarse, pude ver la luz de sus ángeles de la guarda tras cada uno de los tres. Los ángeles de sanación ya habían desaparecido.

A menudo, cuando hablo de los ángeles de sanación y recomiendo usar la gracia de la sanación que llevamos en nuestro interior, la gente me pregunta por qué unas personas se recuperan y otras no. Mi esposo Joe padeció casi todas las enfermedades imaginables, diabetes, apoplejías y un corazón débil. Pasó buena parte de su vida gravemente enfermo y murió muy joven, a los cuarenta y siete años. Yo lo amaba mucho y como se imaginarán, constantemente pedía a los ángeles de sanación que estuvieran con él y le pasaran toda la gracia de la sanación que yo pudiera transmitirle. Sé que los ángeles de sanación lo ayudaron. Una vez lo encontré desplomado en el jardín (Joe siempre trató de hacer lo más que pudo en la casa y el jardín sin tener en cuenta su estado de salud) y estaba rodeado por ángeles de sanación. Sé que los ángeles de sanación lo mantuvieron vivo y con una mejor calidad de vida más tiempo, pero por la razón que fuera, él debía morir joven. Joe y yo no estábamos destinados a envejecer juntos. Él tendría que irse a casa al Cielo mucho antes que yo.

Jamás sabremos, ni entenderemos del todo, por qué Dios permite que una persona se cure pero se lleva a otra. Pero puedo asegurarles, sin embargo, que la sanación puede darse de muchas maneras. Puede ser que la persona no viva. Pero también puede ser que por efecto de la gracia de la sanación que fluya hasta esa persona proveniente de su familia, ella experimente menos dolor, se estrese menos o se sienta más contenta consigo misma. Nunca dejen de pedir ayuda a los ángeles de sanación y tampoco dejen de usar la gracia de la sanación que ustedes llevan en su interior. Creemos saber lo que es bueno para nosotros, lo que nos hace bien y nos hace felices, pero el plan de Dios es más grande.

Muchos cirujanos me han dicho que nunca operan sin antes pedirle ayuda a Dios. También muchos de ellos me han dicho que creen en los ángeles de la guarda y les piden ayuda, pero he conocido muy pocos que tengan consciencia de los ángeles de sanación. Sin embargo, pienso que cada vez que un cirujano opera, hay ángeles de sanación presentes.

Un hombre me contó una hermosa historia sobre su hermano, un cirujano que vive en Canadá. Durante unos años, el hermano de este señor había afrontado tiempos muy difíciles, perdió su fe en Dios y se volvió cínico y amargado. El hombre me contó que su hermano había sido un cirujano brillante, pero había perdido toda su destreza y confianza en sí mismo. Su situación era tan terrible que este señor tenía miedo de lo que pudiera pasarle. Me dijo que su preocupación era tal que finalmente había ido a Canadá a visitarlo. Sin embargo, esa visita de poco sirvió. El cirujano simplemente no pareció escucharlo y estaba pensando en presentar su renuncia y dejar la cirugía. El hombre me contó que cuando empacaba su maleta para volver a Irlanda, el cirujano vio su ejemplar del primer libro que yo escribí, *Angels in my Hair*, en la maleta. El hombre ni siquiera recordaba haberlo empacado, y sintió que su ángel de la guarda le decía que se lo dejara a su hermano.

El señor me contó que le dio el libro a su hermano y que este se había burlado de él y le había dicho que no creía en Dios y mucho menos en ángeles. Aunque dudaba que su hermano fuera a cumplir su palabra, el hombre le hizo prometer que leería el libro.

De regreso en casa, el hombre siguió rezando por su hermano. Pocas semanas después de haber vuelto a Irlanda, el cirujano lo llamó por teléfono. Le dijo que había cumplido su promesa y que el libro lo había puesto a pensar. Luego le contó que el día anterior había surgido una emergencia en el hospital y él era el único cirujano de guardia. Había tratado de encontrar un fragmento de metal diminuto en el pecho de un hombre, y sabía que si no lograba encontrarlo su paciente moriría. El paciente sangraba mucho mientras él continuaba buscándolo sin éxito, igual que a una aguja en un pajar. Estaba a punto de darse por vencido cuando se le ocurrió pedirle ayuda a su ángel de la guarda. Lo hizo sin creer o tener fe en que la ayuda llegaría. Pero apenas la pidió, le dijo a su hermano, sintió que unas manos tocaban las suyas, guiándolo. Se dejó guiar y enseguida encontró la minúscula pieza de metal y la retiró. El paciente ya se había recuperado.

El cirujano lloró en el teléfono contándole esto a su hermano, quien estaba al borde de las lágrimas cuando me contó la historia. Sé que el cirujano sintió al ángel de la guarda cuando lo tocó. Es muy raro que alguien perciba que su ángel de la guarda le toca las manos, pero en este caso creo que ocurrió para devolverle la confianza en sí mismo y darle la seguridad de haber ayudado allí. Sé que ese día también debió haber ángeles de sanación presentes.

En la mayoría de eventos públicos en los que me presento por todo el mundo, yo digo la "Oración de tus Ángeles de Sanación" que me dio el Arcángel Miguel. La oración, y son palabras de Dios, no mías, dice así:

Oración de tus ángeles de Sanación traída de Dios por Miguel, tu arcángel

Derramen, Tus Ángeles de Sanación,
Tu Hostia Celestial sobre mí,
Y sobre aquellos que amo,

Déjame sentir el haz de luz de Tus
Ángeles de Sanación sobre mí,
La luz de Tus Manos Sanadoras.
Yo permitiré que Tu Sanación empiece,
En cualquier forma que Dios la conceda.
Amén.

Recibo noticias provenientes de personas en todo el mundo que están usando esta oración y obteniendo un gran alivio. No la están usando solo para sanación, también la rezan cuando van a presentar exámenes o para tomar la prueba de conducir. Me han contado de personas que la rezan cuando están fuera de casa tarde en la noche y temen por su seguridad. Un granjero me dijo que él la reza ¡cuando espera que llueva! También he sabido de gente que la usa en ceremonias de matrimonio o en funerales.

A menudo las personas me preguntan por estas palabras, ¡y muchas desean corregirlas para que queden en lo que consideran un inglés perfecto! Yo les digo que no pueden hacerlo, porque esas son palabras exactas de Dios tal como me las dio el Arcángel Miguel. El haz de luz es la gracia de la sanación que Dios derrama sobre los ángeles de sanación para que ellos puedan pasarla a nosotros. La oración se refiere a la luz de la mano sanadora de Dios.

Dios me dio esta oración para que sea difundida en todo el mundo, de modo que más gente tome consciencia de los ángeles de sanación y de la sanación que está disponible para nosotros. Esta oración es un regalo de Dios, entonces ¿por qué no usarla?

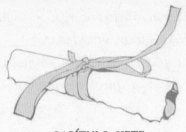

CAPÍTULO SIETE

Una luz en la oscuridad

LA MAYORÍA DE LAS PERSONAS SE SIENTEN DESDICHADAS, tristes y deprimidas en algún momento de su vida. Cuando alguien se está sintiendo así, yo puedo reconocerlo físicamente en su interior. Es difícil describir lo que veo. Yo puedo ver la energía que rodea a las personas, lo que algunos llaman el aura, y la he visto toda mi vida. Pero no es en el aura donde veo los signos de la depresión ni es que vea gris el aura ni nada por el estilo. Es dentro del cuerpo que puedo verlo. Es como si de alguna manera la energía dentro del cuerpo se contaminara y perdiera la vitalidad normal. Es completamente diferente de lo que veo cuando una persona está cansada. Esto es a un nivel más profundo; es como si los ojos de la persona estuvieran ciegos a la luz que hay a su alrededor.

Veo esa situación en distintos grados, más o menos en una de cada diez personas o tal vez más, en estos tiempos tan difíciles y exigentes. Es algo que afecta a todas las edades, pero no creo que permanezca en nadie por siempre. Va y viene en la vida de todas las personas, pero desafortunadamente algunas parecen más propensas a experimentarlo.

Hace unos años, Sarah, una de las amigas de mi hijo Christopher, vino a hablarme. Acababa de terminar sus estudios e iniciaba su vida laboral, y delante de una taza de té en la cocina me dijo que se sentía muy triste y desdichada. Ella no habría tenido necesidad de decírmelo, pues yo podía ver en el interior de su cuerpo que algo andaba mal, porque Sarah no tenía la vitalidad de las personas que están contentas.

Me dijo que estaba muy asustada por lo que pudiera traerle el futuro. Vi que le faltaba mucho valor y confianza en sí misma. Mientras hablábamos, su ángel de la guarda se abrió y permaneció así más tiempo de lo que usualmente lo hace un ángel de la guarda. Alto y esbelto, su apariencia era masculina, y sus cabellos de un tono castaño claro le llegaban poco más abajo de los hombros. No vi alas. Las facciones de este ángel de la guarda eran muy marcadas. Con sus ojos color café oscuro llenos de luz, él miraba a la joven con una hermosa sonrisa plena de amor y compasión. El ángel de la guarda tenía algo delante de él que no era un escudo, pero es como mejor puedo describirlo y no tengo ni idea para qué lo tenía ahí. Inicialmente el ángel de la guarda mantuvo las manos a los lados, pero las fue levantando con gran suavidad hasta que casi la tomó de los hombros para darle apoyo.

El ángel de la guarda de Sarah me dijo en silencio dos palabras. A decir verdad no las puedo recordar exactamente, pero supe por ellas que tenía algún tipo de ayuda para ella.

Mientras Sarah seguía contándome lo dura que encontraba la vida, de nuevo su ángel de la guarda se volvió un haz de luz detrás de ella. Antes de que Sarah se levantara para marcharse, vi aparecer otra luz frente a ella, una luz diminuta pero brillante. No veía ningún ángel que la sostuviera, pero sé que alguno ha debido estar ahí, que su ángel de la guarda seguramente invitó a un ángel a que sostuviera una luz delante de ella para darle esperanza. Para mí fue una señal de que Sarah saldría de esa situación tan oscura a la luz.

Años más tarde me encontré casualmente con Sarah, en la calle. Se veía muy contenta y confiada y a pesar de estar ya en sus veinte, lucía entusiasmada y alborotada como una adolescente.

—Lorna —me dijo—, creí que nunca saldría de eso, que nunca sería feliz.

Me dijo lo buena que era la vida y que si llegara a sufrir otra depresión en el futuro ya sabría que hay ayuda.

Creo que hay dos tipos de depresión, pues lucen diferentes cuando los veo físicamente en el cuerpo de alguien. El abatimiento temporal como el de Sarah, es el más común y puede estar relacionado con acontecimientos, con etapas de la vida o incluso con las hormonas. La mayoría de las personas pasa por algo similar en alguna época de su vida. Pero hay otro tipo distinto de depresión. Una depresión que sí es enfermedad.

Ambos son muy dolorosos y difíciles de sobrellevar, pero creo que la mayoría de las personas que se sienten desdichadas no deben considerarse a sí mismas como enfermas.

Los medicamentos pueden ayudar a algunas personas pero para la mayoría no son una solución de largo plazo.

Voy a compartir con ustedes lo que me han dicho los ángeles sobre lo que personas que se sientan desdichadas o deprimidas pueden hacer para ayudarse a sí mismas, y también lo que nosotros podemos hacer para ayudarles.

Si te sientes presa del abatimiento o la depresión, pide a tu ángel de la guarda que te muestre el coraje y la fortaleza que llevas dentro de ti para levantarte el ánimo y hacer las cosas del diario vivir, por sencillas que sean: ir a la tienda, hacer una llamada telefónica, salir y encontrarse con amigos. Nadie podrá sacarte de esa tristeza, debes hacerlo tú mismo. Eso es algo que cada quien debe hacer. Sé que las personas que en este momento estén deprimidas van a encontrarlo difícil. Es difícil. Pero recuerda que tu ángel de la guarda te puede dar la fe necesaria para creer que puedes salir de esto, que hay luz al final del túnel. Los ángeles se esforzarán mucho para tratar de ayudarte y asegurarse de que la gente que te rodea también te ayude.

Los ángeles siempre me han dicho que todos debemos recordarnos continuamente a nosotros mismos, que miremos los puntos brillantes de nuestra vida diaria, por pequeños que parezcan. Toma la decisión de disfrutar las cosas pequeñas, agradece la taza de té que estás tomando, las flores del jardín y la sonrisa de un niño. Cuando alguien se siente desdichado, pierde el hábito de apreciar estas cosas, de modo que es necesario recordarnos constantemente a nosotros mismos, que debemos disfrutar el momento, sea lo que sea que estemos haciendo.

A los ángeles les encanta el humor. A menudo ellos tratan de hacerme reír y lo logran, y también los veo hacer lo mismo alrededor de personas que están un poco molestas. Busca oportunidades para reírte. Buscar el lado humorístico de las cosas puede levantarte el ánimo considerablemente. Hasta permitirte a ti mismo reír con una película cómica puede ser un tónico que te levante el ánimo.

Mientras escribo este capítulo yo misma me estoy sintiendo abatida por las cosas que están pasando en mi vida y los ángeles han estado tratando de animarme un poco. Ayer, que fui de compras, unos seis ángeles pasaron junto a mí diciéndome que sonriera. Les dije que no podía sonreír. Ellos redujeron la marcha para quedar frente a mí mientras yo caminaba, bromeando entre ellos como lo harían chiquillos de diez años hasta que finalmente me hicieron sonreír. Sin embargo, me costó trabajo hacerlo. Ni siquiera me sentía capaz de entrar a este pequeño salón de té que frecuento, solo de pensar que alguien me saludara. En cierto sentido estaba tratando de encerrarme. Pero los ángeles no me dejaban en paz; estaban decididos a levantarme el ánimo. Mientras hacía fila frente al mostrador, la mujer que servía la comida me dedicó una gran sonrisa. Si la sonrisa de ella fue grande, las de los ángeles que estaban a cada lado de ella fueron enormes. Me senté sola en una mesa, evitando a todo el mundo. Mientras esperaba mi comida decidí distraerme leyendo el periódico y fui a buscarlo a la mesa vecina. Cuando llegué a esa mesa había un ángel ahí sentado leyendo el periódico.

—Este es mi periódico, Lorna —me dijo.

—No, ¡es mío! —repliqué, y a pesar mío, tuve que sonreír.

El ángel volvió conmigo a mi mesa y se sentó frente a mí diciéndome que disfrutara el momento. A decir verdad, con mi pesimista estado de ánimo ni siquiera había caído en cuenta de lo deliciosa que estaba la comida.

En el camino de regreso a casa, todavía me sentía abatida, pero los ángeles no se habían dado por vencidos. Vi venir hacia mí a un hombre anciano, rodeado de ángeles. Cuando estuvo cerca, dije a los ángeles, "¡Es George!". Conozco a George desde hace muchos años; él fue muy bueno con mis hijos mientras crecían y también conoció a Joe, mi marido. Nunca antes me lo había encontrado en esta misma calle.

—Qué coincidencia encontrarte, Lorna —exclamó. Tuve que reírme porque sabía que no era ninguna coincidencia sino trabajo de los ángeles. Los ángeles que lo rodeaban empezaron a actuar como si estuvieran en una fiesta, imitando gente que la está pasando bien.

—Hoy estoy de cumpleaños, Lorna. Cumplo ochenta —anunció George y me invitó a una fiesta esa noche para celebrar. Le deseé un feliz cumpleaños, pero dije que no podría ir a la fiesta. Sin embargo, George no se dio por vencido—. Quién sabe, podrías cambiar de parecer —dijo. Sé que los ángeles le estaban susurrando que me dejara abierta la opción de decir que iría.

No soy perfecta, y no siempre escucho a los ángeles o hago lo que debería hacer. A veces no practico lo que predico. No fui. Estaba muy abatida. He debido hacer el esfuerzo de ir y disfrutar un poco, aunque fuera un ratico, pero no lo hice. Rechacé la oferta de ayuda de George.

Trata de darte cuenta cuando la gente te ofrezca ayuda o apoyo. Puede ser una sonrisa, un dulce que te dejen en el escritorio o una invitación a salir. La gente te apoyará, pero cuando alguien se siente desdichado a veces le es difícil ver la ayuda que le están ofreciendo, y puede ser que te habitúes a alejar las cosas, rechazando de entrada sugerencias o ideas. (Como hice yo con la invitación a la fiesta de cumpleaños de George). Puede ser que cuando te sientas infeliz para ti sea un esfuerzo sonreír o aceptar una invitación a tomar café, pero debes hacer ese esfuerzo. Los ángeles no se cansan de decirme que la única persona que te puede sacar de una situación así, eres tú.

 Todos podemos ser una luz, aunque sea fugazmente, en la vida de alguien.

Sentirse deprimido puede convertirse en un hábito. Si adviertes esta tendencia en tu interior, di *No permitiré que esto se convierta en un hábito* y pídele ayuda a tu ángel de la guarda. Esto es particularmente cierto en el caso de personas que sufren una pena. El tiempo de duelo es importante pero llega el momento en que también es importante empezar de nuevo a sonreír y ver las pequeñas alegrías de la vida. Esto no significa que estés olvidando a la persona que falleció. Esa persona está en el Cielo, sean cuales fueren las circunstancias de su muerte, y quiere que vuelvas a disfrutar la vida.

Recuerda que tu ángel de la guarda te puede ayudar de muchas maneras, incluso pidiendo la ayuda de otros ángeles. A muchas personas que estando deprimidas me han hablado de cuánto disfrutaba la vida su ser querido o cómo habría entendido lo que ellas están sintiendo, les digo que pidan a su ángel de la guarda que el alma de ese ser querido vuelva para ayudarlas.

Tu ángel de la guarda es el que guarda tu alma, y puede permitir que un alma que está en el Cielo regrese para estar contigo y darte apoyo y ayuda cuando lo necesites. Muchas veces para nosotros es más fácil sentir la presencia y escuchar las palabras de un ser querido, que las de un ángel. Después de todo, su alma también vivió en esta tierra.

Acepta que no eres el único, tú no estás solo. Mucha gente sufre en algún período de su vida porque se siente desdichada. A tu alrededor puede haber gente sintiéndose más deprimida que tú. Hablar con la gente de lo que te pasa y sientes puede ser de gran ayuda. Habla con amigos, con tu familia, con organizaciones de apoyo, con un consejero o con un médico. Hablar de lo que estás sintiendo te aclarará más las cosas y es muy probable que también atraiga ofrecimientos de ayuda y apoyo.

De niña, los ángeles me enseñaron que debía tratar de no sentirme ofendida. Eso fue importante para mí, pues se decía que yo era retrasada y muchas personas me trataban como si fuera incapaz o estúpida. Los ángeles me dijeron que esas cosas hirientes decían más de la persona que hacía el comentario, que de mí. Cuando estamos abatidos nos volvemos más vulnerables y particularmente propensos a sentirnos ofendidos. Sé que es difícil, a mí también me cuesta hacerlo, pero trata de tomar las cosas con más objetividad.

La oración es poderosa en todas las circunstancias, y puede ser de gran ayuda cuando alguien está deprimido. Los ángeles me han dado una oración que yo rezo cuando me siento abatida:

Oración para que haya alegría en mi vida

Dios, por favor,
Aparta esta nube oscura de mí.
Báñame con tu luz.
Envía tus ángeles a ayudarme.
Dame el coraje y la fuerza
Para que vuelva a sentir la alegría en mi vida.
Amén.

Todos necesitamos tomar consciencia de cómo se sienten las personas que nos rodean, particularmente cuando están deprimidas. Detesto la frase "Supéralo", porque ¡implica que es sencillo hacerlo! Y para alguien que se está sintiendo desdichado de ninguna manera es fácil sacar el coraje y la fuerza para "superarlo". Si fuera así de simple, nadie estaría deprimido mucho tiempo. Todos nosotros debemos tener compasión y comprensión para con las personas que están deprimidas.

No siempre es fácil. Hay que tener mucha paciencia para estar cerca de personas que se sienten así, pero no deberíamos darnos por vencidos con nadie, debemos seguir ofreciéndoles apoyo. Si alguien que está deprimido ha dicho no a una invitación diez veces, no cedas, repite la invitación y deja la puerta abierta. Cualquier día esa persona podría decir que sí y ese paso tal vez sea muy importante para ella.

Si sabes que alguien se siente deprimido, esfuérzate por ayudarle. Todas las pequeñas cosas cuentan: una sonrisa, una llamada telefónica, una invitación a tomar té, entrar a decirle hola, tener la paciencia de detenerse para charlarle un poco. Los pequeños gestos amables ayudan a que las personas reconozcan lo bueno que hay en sus vidas. Todos nos beneficiamos de las acciones bondadosas, quien las lleva a cabo y quien las recibe. Tu sonrisa o unas palabras a alguien que también esté haciendo fila, y quizá ni conozcas, pueden mejorarle el día a esa persona.

Un día estábamos en el centro de Dublín mi hija Ruth y yo. Su carro estaba en un parqueadero de varios pisos y mientras hacíamos fila para pagar en la máquina, los ángeles me susurraron que prestara atención. Había unas doce personas en la fila, así que las miré a todas. Rápidamente ubiqué a una mujer ya bien entrada en sus treinta y pude ver que estaba realmente deprimida. Su cuerpo carecía de la vitalidad normal. Era la primera en la fila y estaba buscando monedas en su cartera, pero no parecía encontrar ninguna. Sacó una tarjeta de crédito pero volvió a guardarla cuando se dio cuenta de que esa máquina no recibía tarjetas. Detrás de ella en la fila, estaba un señor muy bien vestido, alto y fornido, de unos sesenta años, y de repente apareció un ángel a su izquierda. El ángel era muy grande de apariencia muy masculina, y se inclinó hacia el señor que era alto. No vi alas. El ángel empezó a susurrarle y el señor se acercó a la mujer con una mano extendida, diciendo, "No se preocupe; aquí está el cambio que necesita". Admirada por la amabilidad de este extraño, a ella se le iluminaron la cara y los ojos. Y pude ver un notable incremento de la vitalidad en su cuerpo. No tengo idea de cuánto dinero fue, probablemente unos pocos euros. Pero lo importante no era el dinero, sino la bondad de este hombre para con ella. La señora le dio las gracias y él sonrió diciéndole, "Fue un placer".

Mientras esperaba mi turno, después que ambos se marcharon, los ángeles me dijeron que el propósito de ese acto de bondad no era beneficiar únicamente a la mujer que no podía pagar, el propósito era que también sirviera de ejemplo para que todos los que estábamos en la fila prestáramos atención al acto de bondad que estaba teniendo lugar. Ver una acción bondadosa y tomar nota de ella contribuye a que nos abramos a otras oportunidades de ayudar a los demás, en las que podemos ser una luz, aunque sea fugazmente, en la vida de otra persona.

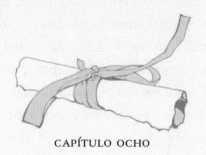

CAPÍTULO OCHO

¡Naciste para vivir plenamente la vida y disfrutarla!

ESTABA YO EN UN RESTAURANTE EN KILKENNY. Es un local largo y estrecho y una de las razones por las que me gusta es porque desde casi todas las mesas se puede ver por la ventana hacia una de las calles principales. Disfrutaba una taza de té, cuando un ángel me dijo que levantara la mirada. Vi que una madre y su hija de unos dieciséis años y con su uniforme de escuela, entraron al restaurante y se sentaron en la mesa frente a la mía. La madre me quedó de frente y la hija me daba la espalda. Al lado derecho de la madre estaba un hermoso ángel, cuyas alas muy largas y ligeras desaparecían en el cielorraso. Las alas parecían de seda y brillaban moviéndose levemente. Las vestiduras del ángel, que no tenía apariencia masculina ni femenina, eran de un tono malva claro y parecían flotar.

Alcancé a escuchar parte de la conversación. La hija estaba tomando un chocolate caliente y contándole a su mamá lo que estaba ocurriendo en la escuela, y con una de sus amigas. Varias veces la oí decir, "No me estás escuchando, mamá".

Podía ver la frustración de la chica por la actitud de su madre, quien no estaba tomando nada y miraba constantemente el reloj. Yo veía la espalda de la chica y un ángel grande a cada lado. A veces los dos giraban hacia mí, ambos eran altos y elegantes y tenían una apariencia femenina. Tampoco vi alas. Los ángeles lucían diferentes uno del otro pero sus ropajes verdes eran muy parecidos. Cada uno había puesto una mano en el hombro de la hija y luego uno de ellos puso la mano que tenía libre, frente al corazón de la niña. A veces uno de los ángeles le hablaba al oído. Estaban consolando a la adolescente, y alentándola a compartir con su madre lo ocurrido.

El hermoso ángel que estaba a la derecha de la madre se inclinó hacia ella y también le murmuró algo al oído. La madre todavía lucía preocupada, y se movía inquieta como si no viera la hora de salir del restaurante. De vez en cuando el ángel me miraba y sin palabras me dijo que esta madre creía no tener tiempo para escuchar a su hija. Pensaba que estaba muy ocupada, pero de hecho no había nada más importante que ella hubiera podido estar haciendo en ese momento. De todos modos el ángel siguió hablándole a la señora. Y su hija también siguió hablando, alentada por los ángeles que tenía a cada lado.

De repente, el ángel de la madre se enderezó y me sonrió. La señora llamó al mesero y ordenó té y un pastel. Fue como si se hubiera olvidado de todas las cosas que tenía por hacer y al fin empezó a escuchar a su hija. Mientras yo observaba, el ángel se quedó muy derecho a su lado.

Los dos hermosos ángeles que estaban junto a la hija, no retiraron su mano de los hombros de ella y siguieron susurrándole cosas de vez en cuando. Al levantarme para salir, escuché reír a madre e hija. No sé cuánto tiempo se quedaron allí hablando, pero sí espero que la madre siga teniendo consciencia de que es importante vivir plenamente cada momento de la vida, y de que ese rato que dedicó a su hija es un tiempo precioso y más importante que la mayor parte de las otras cosas que ella pensaba debería estar haciendo.

Los ángeles que me acompañan todos los días me dicen que muchos de nosotros nos hemos equivocado en cuanto a nuestras prioridades. Pensamos que la vida es para hacer cosas, vivir ocupados y tener éxito. Muchos de nosotros damos demasiada importancia al dinero y las cosas materiales. Es importante tener algo de dinero, por supuesto, pero muchos enfatizamos esa importancia más de la cuenta. Los ángeles siempre me están diciendo que les recuerde a ustedes que cuando mueren no pueden llevarse el dinero ni las cosas materiales al Cielo. Lo que lleven serán sus recuerdos y todo el amor que experimentaron en esta tierra. A veces estamos tan ocupados que nos olvidamos de vivir y disfrutar los placeres normales de todos los días. Tratamos de atiborrar tantas cosas en nuestras vidas ya de por sí ocupadas, que olvidamos lo que en realidad es importante.

A menudo veo ángeles tratando de convencer a las personas de que tomen las cosas con más calma para que puedan disfrutar más la vida. La semana pasada vi un hombre cuarentón, con traje entero y maletín en mano, que iba muy apurado hacia la estación del tren. Un ángel frente a él le había puesto sus manos sobre el pecho tratando de hacerlo caminar más despacio. Con cada paso, el hombre sacudía al ángel y este lo frenaba. El ángel me dijo sin palabras que el hombre pensaba que debía hacer todo ese mismo día y estaba completamente abrumado. Me dijo que tenía tiempo suficiente para alcanzar el tren, así que debería ir caminando despacio y disfrutando del aire fresco y el sol en su cara. Era evidente la compasión y el amor que el ángel sentía por el hombre.

Pocos días después yo conducía, y me volvieron a mostrar el mismo hombre. Esta vez los ángeles habían adoptado una estrategia diferente para no permitirle correr tanto. Le habían puesto lo que lucía como los arneses con riendas que se usan para evitar que los niños salgan corriendo y dos ángeles halaban el arnés hacia atrás, para ayudarlo a ir más despacio. Los ángeles se estaban esforzando mucho con este señor, y no sé si lograrán que tome las cosas con calma. Aunque a veces tienen éxito. Hace poco, mi hija Ruth y yo estábamos en un centro comercial y vi a un hombre sentado en la base de una columna, rodeado por ángeles. El hombre, también de vestido entero, se estaba tomando su tiempo para disfrutar de un helado y parecía no tener ninguna preocupación. Los ángeles que lo rodeaban me dijeron que había estado muy ocupado, pero ellos lo habían tentado con la idea de un helado y habían conseguido que sacara tiempo, aunque fuera un poco, para sentarse allí solamente a vivir y disfrutar de la vida. Los ángeles le estaban ayudando a redescubrir como si volviera a ser niño, aquello que todo niño sabe hacer: vivir plenamente.

Muchas personas ancianas me dicen que una de las pocas cosas que lamentan es haberse apurado tanto por todo cuando eran jóvenes y que sólo ahora de viejas están empezando a aprender a disfrutar su vida.

Recientemente, fui a visitar a la señora Stacey, una vecina ya anciana. Sentada en una gran poltrona antigua mientras charlábamos, me contó que el día anterior había estado trabajando en su jardín y que aunque realmente no pudo hacer mucho, disfrutó lo que hizo. Dijo que ella sabía que su ángel de la guarda estaba allí, echándole una mano, y mientras me hablaba de la alegría que le causaba su trabajo en el jardín, aparecieron dos ángeles, uno a cada lado de ella, sentados en los brazos de la poltrona. Los ángeles lucían primaverales. Uno de ellos tenía una sencilla margarita blanca en sus manos y el otro, flores de distintas clases y colores en su regazo. Todas esas flores parecían versiones más grandes y coposas de las flores que conocemos, y entre ellas había pensamientos y más margaritas. Estábamos en primavera y yo sabía que el jardín de la Sra. Stacey aún no había florecido, pero también sabía que en verano florecería. Los ángeles estaban ayudándola a aprender a disfrutar la vida al máximo. Seguimos allí sentadas y me contó que ahora disfruta mucho más la vida y se esmera por gozar con todas las cosas sencillas que en el pasado ignoraba o no valoraba. Me dijo que ahora las cosas materiales le importaban muchísimo menos, aunque admitió que su sillón y su jardín le encantan. También dijo que cuando yo me fuera saldría a caminar, un paseo corto que es lo único que su cuerpo le permite ahora, pero que lo disfrutaría y hablaría con quien se encontrara por el camino.

La mayor parte de nuestra vida está compuesta por cosas pequeñas, cosas comunes y corrientes del día a día. Si las ignoramos o desechamos por considerarlas triviales o sin importancia, nos perdemos la vida. Nos perdemos lo que es realmente importante. Sea que nos demos cuenta o no, las cosas grandes están hechas de montones de cosas pequeñas.

En algún lugar dije que detesto la pregunta "¿Cuál es mi destino?" porque parece implicar que la vida fuera solamente una o unas cuantas grandes tareas o metas. Lo que he entendido de lo que Dios y los ángeles me han dicho es que el destino de todos y cada uno de nosotros es vivir la vida plenamente. Esto quiere decir que debemos vivir cada minuto de cada día al máximo, tomar consciencia de cada momento y, en lo posible, disfrutarlos todos. Tu vida es hoy. No ayer ni mañana. Es ahora. Este momento.

La vida en sí es un precioso regalo de Dios. Dios quiere que vivas ese regalo a plenitud y es su deseo que lo disfrutes tanto como sea posible. Esa es una de las razones por las que Dios te ha dado un ángel de la guarda y los ángeles siempre nos ayudarán a disfrutar la vida a plenitud si se los pedimos.

Sé que en ocasiones la vida es dura, y que en esos momentos parece imposible disfrutarla, pero aún en el más difícil de los tiempos siempre hay otros momentos que podemos saborear y disfrutar.

A muchas personas les parece que mi vida ha sido muy dura, pero yo no la veo así. Y no la cambiaría por nada del mundo. He sido muy pobre, sí, y algunas veces me pregunté de dónde saldría la próxima comida de la familia o cómo pagaría la cuenta de la electricidad. Pero aun así no he dejado de apreciar las pequeñas alegrías de la vida. Perdí a mi esposo Joe joven, y buena parte del tiempo que vivimos juntos tuvimos que afrontar sus enfermedades. Pero en cada uno de esos días hubo momentos que disfrutar, así fueran breves.

Pídele a tu ángel de la guarda que te ayude a disfrutar más las cosas de todos los días, las cosas sencillas de la vida. Practica disfrutando y apreciando la belleza de lo que te rodea. Disfruta unos pocos minutos cada vez hasta que hacerlo se te vuelva hábito. Sal a caminar, por ejemplo, puedes hacerlo aunque la ciudad sea ruidosa y llena de edificios. Tómate tiempo para mirar lo que hay a tu alrededor. Siempre hay belleza a nuestro alrededor, pero no siempre la advertimos y muchas veces pensamos que no es importante, pero son esos trocitos de belleza los que nos enseñan a apreciar la vida. Mira lo que te rodea y estoy segura de que verás algo hermoso. Puede ser un pajarito, una planta en una matera, la sonrisa de un niño o algo en una ventana. Siempre hay algo hermoso a nuestro alrededor.

Si ves la belleza de lo que te rodea, apreciarás más la vida, y reconocerás más la belleza que hay en tu interior. Apreciar la belleza te ayuda a aminorar el paso, y cuanta más belleza adviertas, más belleza verás. Muchas veces no vemos lo que nos rodea. Perdidos en nuestros pensamientos no damos importancia a la idea de ver belleza. Reconocer la belleza que nos rodea también nos ayuda a cuidar nuestro entorno.

Tu vida es hoy. No es ayer ni mañana. Es ahora. Este momento.

Las cosas más importantes de la vida son las relaciones, desde las más simples con personas a las que vemos una vez en la vida y nos sonríen en la calle, hasta las relaciones más profundas con nuestras familias, amigos y seres queridos. Las relaciones son invaluables. Son mucho más importantes que las cosas materiales, y con demasiada frecuencia no las valoramos.

En el *lobby* del Westbury Hotel, en Dublín, un día que esperaba a un periodista, apareció un hombre de negocios muy bien vestido y me pidió unos minutos de mi tiempo. Me contó que era adinerado y exitoso pero trabajaba durísimo. Me dijo que viajaba mucho, leía bastante en los aviones y por todas partes veía *Angels in my Hair* pero que la palabra ángeles en el título, siempre le había hecho perder interés. Dijo que había seguido viendo el libro, en cada librería que visitaba, ahí estaba y él se reía solo de pensar cuánto se lo encontraba, pero estaba seguro de que ese libro no era para él. Unos meses más tarde, estaba haciendo fila en una librería para pagar unos libros y vio frente a él una pila de ejemplares de *Angels in my Hair*.

Finalmente tomó uno, pensando que se lo llevaría a su esposa. Pagó, y se fue con sus libros al auto.

Los puso en el asiento del pasajero y dio vuelta a la llave en el encendido. Pero el auto no prendió. Trató unas cuantas veces más sin resultado, y decidió esperar unos minutos antes de volver a intentar. Extendió la mano para tomar uno de los libros y sin proponérselo, sacó *Angels in my Hair*. Así que abrió el libro y empezó a leerlo. El tiempo pasaba pero no podía dejar de leerlo. Leyó una media hora. Finalmente, probó a prender el auto de nuevo y esta vez el motor arrancó. Condujo a casa, pero no se podía sacar el libro de la cabeza. Lo que había leído lo conmovió profundamente. Me dijo que escondió el libro en la guantera del auto para que nadie lo viera y se lo quitara. Quería terminarlo lo más pronto posible y lo acabó al día siguiente.

Dijo que leer el libro lo sacudió en lo más íntimo y le hizo caer en cuenta de que toda su vida se había concentrado en las cosas que no debía. Me dijo que no recordaba la última vez que había tenido un gesto de afecto con su esposa, y mucho menos cuándo le había dicho que la amaba. Tenía dos hijos, el menor en su último año de escuela y el otro ya en universidad. Dijo que jamás había tenido tiempo para ellos, pues siempre había estado muy ocupado trabajando, produciendo dinero para poder adquirir cosas materiales. Jamás había pateado un balón de fútbol con sus hijos y dijo que en realidad no los conocía.

Su temor era que quizás fuera demasiado tarde. Me contó que después de que leyó el libro empezó a rezar todos los días, rogándoles a Dios y los ángeles que no fuera demasiado tarde. Dijo que no quería perder a su esposa y sus hijos y que por primera vez en su vida se había dado cuenta de que las cosas materiales no eran lo más importante.

Una semana después de haber leído *Angels in my Hair* se fue en un viaje de negocios al extranjero. Antes de irse, quiso abrir su corazón y decirles que los amaba pero no había sabido cómo y le faltó valor para hacerlo. Cuando llegó a su destino, abrió su maleta y encontró allí una carta. Se sentó en la cama mirando la carta aterrado. No sabía qué esperar. Lo primero que le pasó por la mente fue que debía ser de su esposa, pidiéndole el divorcio. Se quedó ahí sentado con la carta cerrada en la mano, rezando, "Dios, dame otra oportunidad, por favor". Respiró profundo y abrió la carta. Era de su hijo menor, diciéndole cuánto lo amaba y deseando que no tuviera que viajar tanto. El padre quedó estupefacto. Me dijo: "Ese fue el primer milagro o por lo menos el primero del cual fui consciente". Nunca antes su hijo había hecho algo así. Dijo que no veía la hora de volver a casa y decirles a su mujer y sus hijos que los amaba, y eso fue exactamente lo que hizo.

—Ahora somos de verdad una familia —me dijo—. El mensaje suyo cambió mi vida y la de mi familia. Ahora aprecio mucho más las cosas comunes y corrientes de la vida, las cosas de todos los días. La verdad es que usted probablemente salvó mi vida.

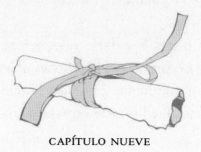

CAPÍTULO NUEVE

Los ángeles ayudan a quienes tienen dificultades económicas

DOS ÁNGELES DESEMPLEADOS SE SALIERON DE LA fila de gente que esperaba para que yo firmara sus libros y me hicieron señas. Ambos se quedaron junto a un hombre que debía tener poco más de treinta años y me conectaron con él de modo que empecé a sentir sus emociones. Mientras hablaba con las personas que le precedían en la fila percibí tanto temor y angustia que yo también me asusté. Después de unos veinte minutos le llegó su turno y se sentó frente a mí. Me dijo que llevaba varios meses desempleado.

—Lorna —dijo él—, si no consigo pronto un trabajo, no voy a poder mantener a mi esposa y mi hijita. Seremos como mendigos.

Mientras hablaba, le corrían las lágrimas.

Un ángel muy alto apareció junto a él. En un principio pensé que era femenino, pero parecía cambiar cada pocos segundos de masculino a femenino. Era de un color dorado muy brillante, y resplandeciente como el sol. El ángel me habló sin palabras:

—Lorna, tú tienes que darle valor y esperanza.

Se me partía el corazón, el hombre estaba tan angustiado y me sentía tan impotente. Entonces le dije al ángel:

—¿Pero cómo puedo darle esperanza? No puedo darle un trabajo.

El ángel replicó:

—Dile que nosotros ayudaremos.

En ese momento, yo moví las manos hacia adelante y el hombre tomó mi mano. El ángel lo iluminó, con un bellísimo color dorado. Sé que lo hizo para infundirle esperanza. Escuché al ángel decir:

—Él debe ir tras cada oportunidad de trabajo que se le presente. No debe detenerse a pensar si el trabajo le gusta o no, solo tiene que presentarse. Debe recordar que el primer trabajo solo será el primer paso hacia otro.

Le repetí al hombre lo que el ángel había dicho. Y el ángel continuó:

—Dile que no hay pérdida de dignidad en pedir ayuda a otros. Todo el mundo necesita ayuda alguna vez en su vida y en el futuro a él se le pedirá que ayude a otros. Dile que no debe darse por vencido, le mostraremos trabajos y él tendrá que seguir presentándose.

La esperanza que el mensaje del ángel le dio, fue un consuelo enorme. Este hombre salió de allí con fuerza y confianza en sí mismo para solicitar esos empleos. Cuando se iba, les pregunté a los ángeles si tendría éxito y me respondieron, "Sí, siempre que haga lo que le corresponde y nos escuche a nosotros". Yo musité una plegaria para que él escuchara a los ángeles.

En estos tiempos he conocido y he sabido de muchas personas en todo el mundo que están muy estresadas por cuestiones de dinero, pues les preocupa no poder satisfacer las necesidades básicas de su familia y las propias. Entiendo perfectamente lo tensionante que es eso, yo misma he sufrido pobreza en distintas épocas de mi vida. Cuando tenía cinco años, mis cuatro hermanos y hermanas, mis padres y yo, quedamos sin techo cuando se desplomó la vieja casita en la que vivíamos, en Old Kilmainham, en Dublín. Entonces tuvimos que vivir con unos parientes durante unos años, hasta que conseguimos una vivienda subvencionada por el ayuntamiento.

Mi esposo Joe cayó enfermo y no pudo trabajar durante buena parte del tiempo que estuvimos casados, y las cosas estuvieron muy apretadas económicamente. En otro lugar he contado la historia de una Navidad en la cual pudimos comer solamente por la bondad de un extraño que puso dinero en un sobre y lo echó en nuestro buzón la noche de Navidad.

Sé que los ángeles pueden ayudar y facilitan un poco las cosas cuando las presiones económicas nos abruman; ellos lo hicieron con mi familia y conmigo y todos los días los veo ayudando a la gente. Claro que entiendo que las personas tengan sus dudas al respecto, que piensen que sus problemas son demasiado grandes como para que los ángeles puedan resolverlos y que si realmente estuviera un poderoso ángel de la guarda junto a ellas, cuidándolas, no tendrían esos problemas económicos.

Siempre digo que los problemas económicos que ahora tenemos en tantos países no los causaron Dios y los ángeles, los causaron las personas. Muchas dejaron de escuchar a Dios y a los ángeles. En lugar de hacerlo, decidieron que el dinero y las posesiones materiales eran lo más importante en la vida. Todo el mundo necesita dinero suficiente para vivir, pero algunas personas se han vuelto muy codiciosas. Los ángeles no causaron estos problemas, pero pueden ayudarnos a salir de ellos. Los ángeles son un regalo de Dios y quieren ayudarnos; es una lástima no hacer uso de esta ayuda.

A veces paso por la oficina local de bienestar social, donde las personas desempleadas reciben ayuda económica. Lastimosamente, en los últimos tiempos ha sido frecuente que la fila se extienda más allá de la puerta de entrada. Al pasar por allí, además de los ángeles de la guarda de todas y cada una de las personas que están ahí, veo otros ángeles distintos.

Los ángeles harán todo lo posible por ayudarte económicamente pero tú también debes hacer tu parte.

Un día los ángeles me hicieron mirar a un hombre joven que esperaba en la fila con un montón de papeles en la mano. Con él estaban tres ángeles desempleados. Uno de ellos le susurraba continuamente, otro me habló a mí sin palabras y me dijo que él estaba traumatizado y desesperado. Acababa de quedar desempleado e iba a solicitar asistencia social por primera vez. El ángel me dijo que en los últimos días ellos lo habían estado preparando para asegurarse de que recordara traer consigo los papeles indicados, y así poder inscribirse para recibir el seguro de desempleo sin demora. Además, le estaban susurrando que hiciera las preguntas correctas, cuando finalmente llegó al primer puesto en la fila. Los ángeles le decían que preguntara por programas de capacitación para los cuales pudiera calificar, y se esforzaban bastante por mantenerle la moral alta y darle esperanza para el futuro, de modo que aprovechara al máximo las oportunidades que hubiera allí para él.

Claro que en estos tiempos no solo están luchando las personas desempleadas y sus familias; mucha gente que tiene trabajo debe esforzarse para conseguir que el dinero les alcance para vivir o para pagar sus deudas.

Cada vez más personas se han visto obligadas a apretarse el cinturón, algunas muy drásticamente. Y veo ángeles ayudando con esto en todo tipo de formas simples y podría decirse comunes y corrientes. Pero nuestras vidas están compuestas por simples cosas comunes y corrientes.

Es tiempo de vacaciones escolares. Ayer tomé un descanso de mi trabajo con este libro y me fui a un café. Allí estaba una madre con sus tres hijos y vi cuando se ponían en fila. Los ángeles trabajaban bastante, jugando con los niños para mantenerlos entretenidos. Había un ángel con la madre y me dijo que ella tenía dificultades económicas, pero estaba decidida a que los niños disfrutaran de sus vacaciones. Compró un café para ella y naranjada para los niños. También compró una sola milhojas.

La vi sentarse y cortar la milhojas en tres para que cada uno de los niños pudiera tener un pedazo. Para ella no dejó nada. Miré a los ángeles que estaban con los niños y los vi haciendo sonidos como "mmm... delicioso" y relamiéndose para recordarle lo rica que era la milhojas que se estaban comiendo. Los niños estaban contentos y la madre dejó escapar un suspiro de alivio porque no pidieron una milhojas para cada uno, y tampoco estaban peleando entre ellos.

Fue algo pequeño, pero todo el tiempo veo ángeles que nos ayudan en esta forma, para que disfrutemos la vida a pesar de las dificultades económicas que podamos tener. Los ángeles también me muestran personas que se están generando a sí mismas dificultades económicas innecesarias.

Alguien me pidió conocer a una pareja que necesitaba ayuda. Nos encontramos en un hotel local y cuando llegué los vi rodeados de ángeles desempleados. El hombre tenía muchas hojas de papel al frente y apenas me senté empezaron a contarme sus problemas económicos. Hicieron una lista de sus egresos mensuales y ella añadió unos cuantos más por si acaso. El ángel que estaba junto a él me dijo que los detuviera. Con dificultad pude hacerlo, y entonces les pregunté un poco acerca de ellos. El hombre, de poco más de cuarenta años, tenía un empleo bueno y estable y ella trabajaba por las mañanas, cerca de donde vivían. Tenían tres hijos, uno en la escuela secundaria y dos en primaria.

El ángel que estaba junto a ella dijo: "Ellos están usando mal su dinero. Muchos de sus gastos son innecesarios" y me pidió que les preguntara de nuevo sus gastos mensuales. Así lo hice y mientras el esposo hablaba, el ángel me dijo que debía sugerirles tres cosas.

Les pregunté lo más gentilmente que pude si todos sus gastos eran necesarios. Hice lo que el ángel me había pedido y sugerí que si la esposa trabajaba cerca de casa tal vez no sería necesario un segundo auto, que de pronto los niños no tendrían que realizar *todas* esas actividades adicionales y que a lo mejor podrían comer fuera con menos frecuencia.

El hombre levantó las manos para protestar:

—No puedo recortar en cosas que los niños necesitan.

El ángel que estaba junto a él dijo:

—Realmente es una pena. Ellos manejan la economía familiar como si fuera un negocio. Prácticamente no disfrutan su vida en familia y se están sometiendo a una presión innecesaria.

Hablé con la pareja otros quince minutos. Sé que no les dije lo que deseaban oír, ellos esperaban oír que los ángeles les ayudarían a aumentar sus ingresos para que pudieran mantener su estilo de vida. Pero eventualmente sí me escucharon.

Después de eso no volví a saber nada de ellos, no dijeron gracias, no dijeron nada. Temía que el consejo de los ángeles hubiera caído en saco roto. Más o menos un año más tarde, recibí una nota de ellos dándome gracias y diciendo que se habían reducido y les estaba yendo bien. Los ángeles harán lo que esté a su alcance para ayudarte económicamente pero tú también debes hacer tu parte. Por más difícil que sea escuchar esto, ¡los ángeles no están aquí para ayudarnos a ganar la lotería! Tú debes dar los pasos que sea necesario para ayudarte. Los ángeles te aconsejarán pero tú decides si vas a escucharlos y a actuar.

A todos nosotros acuden para que ayudemos a personas que están económicamente mal. Podemos darles ánimo y aconsejarlas. Por mal que creamos que nosotros mismos estamos económicamente, siempre hay gente que está peor y debemos ayudar.

Recientemente estaba yo en un restaurante cuando una jovencita llegó a pedir trabajo. Con ella venía un ángel. Cuando el jefe del restaurante salió para hablarle había dos ángeles con él que le susurraban mientras estaba atendiendo a la joven. El ángel que estaba con ella me dijo que este hombre podía y debía darle trabajo de medio tiempo a la chica y era acerca de eso que los ángeles le estaban susurrando. Sin embargo, él no los escuchó y la joven se fue sin haber conseguido el empleo.

Claro que todas nuestras finanzas se relacionan y forman parte de un cuadro mucho más grande. Los ángeles me aseguran que ellos están trabajando duro con los líderes locales, nacionales e internacionales para mejorar la economía globalmente, y así elevar las condiciones económicas de todas las personas, pero particularmente las de los más necesitados. Debemos rezar porque nuestros líderes escuchen a Dios y los ángeles.

Sé que algunas personas se sentirán frustradas si digo que la oración puede ayudar a reducir las presiones económicas.

Pero yo sé que sí puede. Le pedí al Ángel Amén que me diera una oración que puedan rezar personas angustiadas por su situación económica. Esta es la oración:

Oración para tiempos difíciles

Dios,
Derrama la gracia de la esperanza sobre mí y
    permite que siempre vea la luz de la esperanza
    ardiendo y brillando frente a mí.
Alumbra la oscuridad llenándome de fe y
    esperanza y permite que reciba el consuelo
    de tu amor.
Dame el coraje y la fuerza para saber que
    superaré estos tiempos difíciles.
Lléname de la alegría y la confianza de saber que
    soy hijo tuyo y que cuidarás de mí y
    de aquellos que amo.
Escucha mi oración.
Amén.

CAPÍTULO DIEZ

Nadie muere solo

CONOZCO MUCHAS PERSONAS QUE ME DICEN QUE temen morir. Muchas veces les digo que si dios me tomara hoy, me iría jubilosa, por difícil que fuera explicárselo a mis hijos, ¡qué todavía son muy jóvenes!

Una mañana en la estación de trenes Connolly, en Dublín, se me acercó una mujer joven con dos niños. Me explicó que su abuelo había estado muy enfermo y le daba miedo morir. Su hermano llevó al hospital un ejemplar de mi primer libro, *Angels in my Hair*, y cada día distintos miembros de la familia se sentaban junto a la cama del abuelo para leérselo en voz alta. A veces parecía que se hubiera dormido y dejaban de leer, pero entonces abría un ojo y decía, "Sigan". Para él no fue suficiente leer el libro una vez. Le leyeron el libro en voz alta de la primera a la última página, una y otra vez. Ella no tenía idea de cuántas veces fue leído en las semanas que él se estuvo muriendo. Pero en esa forma toda la familia pudo saber más de los ángeles y entender que la muerte no es el final. Según me dijo, el libro tuvo un efecto profundo sobre cada uno de ellos. Se volvieron más amables y optimistas; más pacientes y afectuosos con todo el mundo, no sólo con el abuelo que se estaba muriendo.

Me dijo que un día que iban como en la cuarta parte de la segunda lectura del libro, el abuelo había dicho que había captado el mensaje que estaba esperando. Que ya no le daba miedo morirse. Parecía haber perdido sus temores y se veía mucho más contento consigo mismo; también parecía tener menos dolor, lo que fue un tremendo alivio para él y toda su familia. Murió sin sufrir como una semana más tarde.

Pocos años después de que Joe muriera, me sometí a una cirugía que duró seis o siete horas. Los ángeles me dijeron antes, que podía tener un pequeño problema, pero me recuperaría. Cuando me entraron en la camilla al quirófano, los ángeles rodeaban al cirujano y me dijeron que era el mejor cirujano posible. Una vez más mencionaron que estaría bien pero podía haber un pequeño problema. Pero su definición —y la mía— de lo que es un pequeño problema ¡resultaron ser algo distintas!

La cirugía estuvo muy bien. Recuerdo que un ángel caminaba junto a mí tomándome de la mano, cuando me sacaron de cirugía. Me llevaron a una sala de recuperación postoperatoria a alguna distancia de las enfermeras y no a la que estaba bajo supervisión permanente.

El cirujano me contó después que ellos solo escucharon cuando las alarmas de los aparatos junto a mi cama se

apagaron porque inexplicablemente la puerta estaba abierta
de par en par. Había dejado de respirar y los médicos cre-
yeron que me habían perdido. Yo estaba en una escalinata
muy ancha y brillante que se curvaba hacia arriba. Un ángel
me llevaba de la mano diciéndome que me apurara. Yo
iba muy contenta y no sentía nada de mi cuerpo humano.
Estaba llena de júbilo; sabía a dónde iba, al Cielo, y estaba
muy feliz de ir para allá. No sentía tristeza ni pensaba que
estaba dejando atrás a mis hijos. Había cientos de almas
que iban conmigo camino del Cielo. Con cada una de ellas
iba su ángel de la guarda. En algunos casos el ángel de
la guarda caminaba junto a ellas. Otros las llevaban de la
mano y en unos pocos casos, los ángeles de la guarda, que
eran enormes, llevaban las almas en sus brazos con gran
ternura, un poco como si llevaran un bebé. La mirada en
la cara de cada ángel de la guarda era de puro amor. Alrededor de cada alma iban también cientos de otros ángeles.

Estaba fascinada mirando a las almas en su camino al
cielo; ellas iban felices, completamente en paz, no había
lágrimas ni señales de angustia. Era como si de alguna
manera las almas estuvieran en fila para ir al Cielo. Otras
almas bajaron a darles la bienvenida y parecían hablar como
humanos con gran alboroto. Podía ver la diferencia entre
las almas que aún no habían llegado al Cielo y aquellas que
las estaban recibiendo. Las almas que llevaban un tiempo
en el Cielo lucían mucho más radiantes, más brillantes, y
su apariencia humana era menos marcada que la de las
almas que acababan de dejar el mundo terrenal.

El ángel que iba conmigo me estaba diciendo que teníamos prisa, y debíamos apurarnos. Íbamos mucho más rápido que las demás almas, y las sobrepasamos, pero a nadie pareció importarle. De hecho algunas de ellas me llamaron y me dijeron que me apurara. Me sentía maravillosamente, me sentía perfecta. Había dejado atrás mi cuerpo humano y todos los dolores. Iba a donde yo quería estar y me sentía muy feliz. No tenía temor ni ansiedad, Tampoco pensaba en los que había dejado atrás, ni siquiera en Megan que todavía era tan joven y ya había perdido un padre.

No se permitía detenerme ni hacer preguntas. No sabía por qué debía andar tan rápido, pero de alguna manera parecía muy natural. El viaje pareció tomar siglos, pero en otros aspectos fue un viaje muy corto. El tiempo es diferente en el Cielo.

Cuando llegué a donde debía estar en el Cielo, de repente me encontré sola, y ni un ángel estaba a la vista, aunque sé que mi ángel de la guarda seguía allí. Sentí una arena hermosísima bajo mis pies descalzos y pude sentirla tibia, suave y sedosa entre los dedos de mis pies. La arena formaba pequeñas colinas y alcancé a ver un árbol en la distancia sobre una de esas colinas. El árbol era grande, cubierto de hojas y parecía perfecto en todo aspecto.

No tenía preocupaciones. Era como volver a ser niña otra vez. Fui y me senté bajo el árbol un ratico y luego empecé a jugar rodando colina abajo. Pasado un ratico, escuché una voz y supe enseguida que era la voz de Dios.

—Lorna, debes volver —retumbó la voz.

Esta era mi segunda experiencia de casi estar muerta. La primera vez, había rogado que se me permitiera quedarme en el Cielo. Esta vez no protesté, sabiendo que de ninguna manera sería escuchada. Un ángel me tomó de la mano, no tengo idea de qué ángel sería, y me trajo de regreso. No recuerdo haber vuelto a entrar en mi cuerpo.

Semanas más tarde, el cirujano me contó que me había ido por diez minutos y ellos no habían sabido si podrían revivirme o no. Algunos días después de la operación, recuperé la consciencia en la unidad de cuidados intensivos. El cirujano pensaba que habría sufrido daño cerebral, y quedó sorprendido al no encontrar señales de algo así.

Sé que una de las razones por las que se me han concedido estas experiencias es para que las comparta con todos ustedes. Para que pueda ayudarles a entender que no hay nada que temer en la muerte.

Sé que uno de los motivos del temor a la muerte es que las personas se preocupan por los que van a dejara atrás. Al momento de morir te das cuenta de que en el Cielo puedes hacer mucho más por tus seres queridos de lo que puedes hacer por ellos en esta tierra. Sé que es difícil entenderlo. Pero cuando un alma se ha ido al Cielo está en situación de interceder ante Dios, por su familia y sus seres queridos, en una forma mucho más poderosa que si estuviera aquí en la tierra.

Después que has muerto se te permite estar espiritualmente con tu familia cuando te necesiten. Los ángeles de la guarda de los miembros de tu familia permiten a tu alma estar cerca de ellos cuando necesitan consuelo o ánimo o fuerza, o simplemente necesitan sentir que estás bien. Tú todavía estarás en el Cielo pero durante esos pocos minutos también estarás con tus seres queridos. En algunos casos ellos incluso sentirán tu presencia y amor y también se sentirán reconfortados. En ocasiones también podrás dar a tus seres queridos señales o mensajes que los reconforten, con ayuda de los ángeles y de otras personas.

Veo almas con las personas todo el tiempo. Cuando una alma vuelve para estar con una persona, lo que se me muestra se parece a la persona pero luce radiante y está rodeada de luz. Para mí es muy claro que se trata de un alma y no de una persona viviente. Las personas pueden morir e irse al Cielo siendo ancianas, pero a menudo se nos muestran en la flor de su vida.

Un día que estaba en un café, se dirigió mi atención a una chica de unos veinte años sentada sola en una mesa. Estaba rodeada por ángeles y en medio de ellos estaba el alma de un hombre. Un ángel me dijo que era su padre, que había muerto seis meses antes. Se me permitió escucharlo susurrarle al oído, "Estoy bien. Te amo". Él continuó dándole ánimo: "Quiero que sigas adelante con tu vida. No quiero verte andar deprimida y quiero que vuelvas a la universidad y presentes esos exámenes". Lo último que le escuché decir antes de que yo abandonara el café fue, "Estoy muy orgulloso de ti".

Cuando mueres, no quieres volver, ni siquiera por tus seres queridos. Sé que las dos veces que he muerto e ido al Cielo, no quería volver. También sé que por profundo que sea el dolor de mis seres queridos, ellos necesitan llevar sus propias vidas sin mí.

Un consuelo para todas las personas, estén muriendo o

haciendo su duelo, es saber que eventualmente se volverán a encontrar con sus seres queridos. Que se reunirán cuando sea su hora de venir a casa al Cielo. Dios y los ángeles me lo han dicho desde que era muy niña, todos volveremos a encontrarnos con nuestros seres queridos. Esto es algo que todos nosotros debemos guardar en nuestros corazones.

He conocido muchas personas de todas las religiones cuyo mayor temor a morir es que Dios juzgue que sus vidas no hayan sido lo suficientemente buenas. También he conocido personas que dicen no creer en Dios pero temen que de hecho resulte que hay un Dios, y que Él vaya a rechazarlas. Debo decir que aunque Dios me ha dicho que existe el Infierno, jamás lo he visto a Él enviando un alma al Infierno y espero y rezo por que Él nunca lo haga. Tampoco Él me ha mostrado nada distinto a un alma que va directamente al Cielo.

Al momento de morir te darás cuenta de que puedes hacer mucho más por tus seres queridos en el Cielo de lo que jamás puedas hacer por ellos en esta tierra.

La compasión de Dios es infinita, a decir verdad, no tengo palabras para expresarlo. Él es Nuestro Padre y Él nos quiere a todos en casa. Independientemente de lo que hayamos hecho, Él nos quiere en el Cielo a todos si es posible.

Deberíamos tener más compasión por nosotros mismos y por los demás y debemos perdonar más, a nosotros mismos y a los demás. Deberíamos estar dispuestos todos, a lo largo de nuestras vidas, a pedirles perdón a Dios y a las personas a quienes les hemos hecho mal. Somos solo humanos y todos cometemos errores, ninguno de nosotros es perfecto.

Igualmente, todos deberíamos estar más dispuestos a perdonar. Perdonar no significa olvidar el mal que nos hayan hecho, y tampoco que no debamos tomar las medidas que sea necesario para protegernos de que nos hagan mal en el futuro. Pero el perdón es liberador y te deja en libertad. Es importante que nos perdonemos a nosotros mismos. Al hacerlo alcanzamos la paz y nos permitimos ser más afectuosos con todos los que nos rodean. Esto es importante en todo momento, pero particularmente cuando las personas se están acercando al final de sus vidas. Al perdonarte a ti mismo, perdonas a todos los que te rodean.

Dios perdona mucho y todo lo que debemos hacer es pedirle perdón. Simplemente pídelo con tus propias palabras o con esta pequeña oración que me dieron los ángeles:

Oración para el perdón y la tranquilidad de espíritu

> *Dios,*
> *Por favor perdóname por todas mis imperfecciones,*
> *Por todo el mal que he hecho.*
> *Dame la gracia de perdonar a aquellos que me han lastimado.*
> *Amén.*

Nunca es demasiado tarde para pedir perdón, a pesar de lo que hayas hecho. La misericordia de Dios es infinita. A veces me han dicho que alguien murió sin haber pedido perdón, pero no sabemos lo que esa persona puede haber hecho en sus últimos momentos; es posible que haya pedido perdón.

Dios y los ángeles también me han pedido decirles que si ustedes pueden perdonar a alguien que les haya hecho mal, pueden pedirle a Dios que Él también perdone a esa persona. Dios lo hará por ustedes, porque ustedes mismos la habrán perdonado y pedido a Dios que también la perdone. Esto es muy poderoso y esta es la oración que me ha sido entregada para esto:

Oración para el perdón de aquellos que me han lastimado

Querido Dios,
Por favor perdona a aquellos que me han
lastimado porque yo los he perdonado.
Amén.

Hay veces en que alguien me cuenta de un pariente o amigo que estaba solo cuando murió. Nadie muere solo. Tu ángel de la guarda está allí contigo aferrado a tu alma y la llevará a salvo a casa en el Cielo.

Iba por un corredor de un hospital en Dublín en cierta ocasión y el ángel que iba conmigo me dijo que me detuviera y mirara en una habitación que tenía abierta la puerta. En la cama estaba una mujer. No había nadie con ella, pero estaba rodeada de ángeles. Su ángel de la guarda, que era enorme, estaba inclinado sobre ella, levantando su alma del cuerpo con la mayor gentileza posible. El ángel de la guarda irradiaba oro. Su apariencia no era masculina ni femenina, pero parecía llevar unas vestiduras pesadas, como de terciopelo. El ángel miraba al alma que sostenía con mucho amor y ternura. A los pies de la cama estaba el alma de un ser querido, una mujer que lucía radiante y sonreía tendiendo sus brazos a la mujer que estaba en la cama. El alma de esta mujer ya estaba medio salida del cuerpo, y su ángel de la guarda la sostenía suavemente. El alma estaba encantada. No había temor ni angustia. Ella sabía que se iba a casa y rebosaba de alegría. La habitación entera estaba bañada en una maravillosa luz dorada.

Estuve allí observando, sabiendo que no había necesidad de que ni yo ni alguien más hiciéramos nada. Era su hora y ella se estaba yendo tranquila y jubilosamente. Dije una plegaria, no por ella, sino por sus seres queridos que iban a echarla de menos.

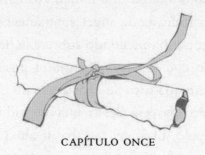

CAPÍTULO ONCE

Los ángeles sí hacen de Cupido

NUNCA HE VISTO UN ÁNGEL CON ARCO Y FLECHAS. Pero sí veo
ángeles ayudándonos con nuestra vida sentimental, ¡así
que ellos sí hacen de Cupido!

Les asombraría saber cuánto nos ayudan los ángeles
con el amor romántico. Los veo susurrándoles a las
personas, acercando a las parejas, arreglando circunstancias para que se conozcan o mediando entre una pareja
que riñe para suavizar la discusión. A veces hasta los
veo atando un hilo muy fino de luz dorada alrededor
de una pareja para mantenerlos juntos y enseñarlos a
amarse mutuamente. También los veo tratando de aliviar
el dolor cuando una pareja ha decidido separarse o
divorciarse.

Hay muchos tipos de amor: el amor por un niño, por
un amigo, por la naturaleza. Veo el amor como una luz
que fluye de una persona a otra persona o cosa, pero el
amor romántico es diferente: es más brillante y más vi-

brante. Muchos sabemos que este amor es distinto porque nosotros mismos hemos estado enamorados.

El amor romántico es importante para todos, y es algo que la mayoría de nosotros buscamos y deseamos tener en nuestra vida, pero también es una de las formas de amar más difíciles, mayormente debido a nuestras poco realistas expectativas. No obstante, los ángeles desean que en nuestras vidas haya amor romántico y trabajan muy duro para ayudarnos a abrirle las puertas y mantenerlo vivo.

Iba por una calle cuando los ángeles que me rodeaban me susurraron que mirara hacia adelante. La calle estaba llena de gente y de ángeles y vi que a cierta distancia, unos ángeles me hacían señas. Había cuatro y estaban con cuatro personas todas de un poco más de veinte años, dos hombres y dos mujeres. Los ángeles me dijeron que aminorara el paso y así lo hice, siempre observando a las cuatro personas. Sin palabras, les pregunté a los ángeles si pasaba algo malo, pero no me respondieron.

Cuando estuve más cerca, un hombre y una mujer se fueron, dejando a los que parecían ser una pareja y los cuatro ángeles se quedaron con ellos. Los ángeles estaban tratando de que la pareja se uniera más: un ángel codeó suavemente al hombre y este se acercó un paso. Al mismo tiempo, otro de los ángeles le susurró algo a la mujer, pero ella no lo estaba escuchando y retrocedió un paso. Ya estaba más cerca y alcancé a oír su conversación. Ella era la que más hablaba y, en un inglés con acento, parecía discutir con él. Me dio la impresión de que ambos provenían de

Europa Oriental pero como estaban hablando en inglés, supongo que habrían nacido en países distintos.

La mujer era alta, más alta que el hombre. El ángel que estaba al lado del hombre me dijo que él amaba mucho a esa mujer, que eran pareja y él temía perderla. El ángel que estaba junto a la mujer completó la historia, y dijo que aunque lo amaba, la mujer pensaba que él era poca cosa para ella, que no era perfecto y en particular, que no era lo suficientemente alto o bien parecido.

Los ángeles me dijeron que esa pareja había nacido para estar juntos y que estaban haciendo todo lo posible para que ella viera los puntos buenos de él y para darle a él coraje y confianza en sí mismo para no darse por vencido.

Cuando llegué donde ellos estaban, los ángeles me dijeron que caminara más cerca de la pareja. Pasé por la izquierda de ella y cuando lo hice, el hermoso ángel que estaba a su lado se inclinó y le hizo girar la cabeza para mirarla directamente a los ojos. Pude ver que la luz del ángel le iluminaba la cara y los ojos, ayudándola para que abriera su corazón y su mente y comprendiera el amor que sentía por ese hombre, y para que entendiera que las apariencias no importan. Fue conmovedor ver cómo se esforzaba este ángel para que la mujer no abandonara a ese hombre y su amor.

Seguí mi camino rezando una plegaria por esa pareja. Los ángeles estaban haciendo lo que podían para ayudarlos a tomar la decisión correcta, pero ellos no pueden sobrepasar los límites del libre albedrío.

Una joven llamada Sophie me contó que le había pedido a su ángel de la guarda ayudarla a encontrar su alma gemela. Me dijo que había salido con bastantes jóvenes pero nada había durado y actualmente estaba saliendo con uno llamado Anthony. Mientras hablaba, un ángel que estaba a su lado me dijo sin palabras:

—Ella está siendo muy dura al evaluarlo.

Sophie me dijo que Anthony no la comprendía y no era tan inteligente como ella, y también dijo que ella quería casarse solamente con su alma gemela.

—Debes darle una oportunidad —le dije—. Y también debes darte una oportunidad a ti misma. Nadie es perfecto y tú tampoco eres perfecta.

Ella admitió, un poco asombrada:

—Supongo que no lo soy.

—Ustedes deben darse mutuamente la oportunidad de aprender cómo amarse uno al otro. Pide a tu ángel de la guarda que permita que venga un ángel de amor a ayudarte para que Anthony y tú aprendan a amarse. El ángel te puede ayudar a descubrir si se aman lo suficiente para casarse y formar una familia, o si deben separarse.

**Todos debemos aprender a aceptar
que nadie es perfecto,
incluso nosotros mismos.**

Los ángeles del amor son un tipo de ángel maestro; ellos pueden permitir que el amor romántico llegue a nuestras vidas y ayudarnos a evitar nuestro propio sabotaje. También se esfuerzan mucho por asegurarse de que conozcamos a las personas correctas. Los ángeles de amor se ven muy distintos a los otros ángeles maestros. Llevan capas multicolores, de tonos pastel y perfectamente ajustadas desde la cabeza, hasta el piso. Son capas muy finas y ligeras, pero ni una brisa las mueve.

La mayoría de nosotros invitamos a los ángeles de amor a que nos ayuden, incluso inconscientemente, y algunos los hemos invitado desde niños a través de nuestro deleite con los cuentos de hadas y sus finales de "Y todos vivieron felices para siempre".

Nunca te preocupes por qué ángel debes llamar. Si le pides ayuda a tu ángel de la guarda, él buscará el ángel que necesitas. Es mucha la ayuda que hay para todos, y muchos los tipos de ángeles, y tu ángel de la guarda sabe exactamente cuál necesitas. De modo que pídeselo a él.

Meses más tarde, estaba yo firmando libros y volví a encontrarme con Sophie. Me dijo que esa noche iba a romper con Anthony. Dijo que aunque le había dicho que la amaba y ella creía amarlo, no sentía que el amor de los dos fuera lo suficientemente fuerte. Ella no creía que fueran almas gemelas. Pude ver un ángel de amor a su lado hablándole sin que lo escuchara. Le señalé que muy pocas personas encuentran su alma gemela, pero ella se mantuvo en sus trece.

Algunas semanas después en Dublín, estaba mirando las vitrinas de las tiendas cuando un ángel me pidió que mirara adelante. Vi la calle repleta de gente y la luz de un ángel de la guarda se abrió detrás de una joven. Pude ver el amor del ángel de la guarda por ella, pero el ángel no dijo nada. Caminé en dirección a la joven quien estaba enviando un mensaje de texto. Cuando me acerqué un poco más reconocí a Sophie.

Me dirigía hacia ella, cuando levantó la mirada de su celular y corrió donde mí. Allí mismo empezó a contarme de su rompimiento con Anthony.

—He sido una tonta; cometí un terrible error al romper con Anthony. Nunca me di cuenta de cuánto lo amaba y de lo sola que me sentiría sin él.

El ángel de amor que estaba tras ella la abrazó para consolarla, pues estaba a punto de llorar.

Me dijo que unos días más tarde iba a encontrarse con Anthony para tomar un trago y tenía la esperanza de que volvieran a reunirse. Me pidió que rezara por ellos.

Yo le dije que debía ser muy honesta con él y escuchar con mucha atención lo que él tuviera que decirle, y que yo pediría a Dios y a los ángeles que ocurriera lo mejor para ambos. Después supe que hicieron las paces y aún siguen juntos.

Muy pocas personas se casan con sus almas gemelas. Todos tenemos un alma gemela, un alma que conocimos en el Cielo antes de nacer y con la cual tenemos una profunda conexión espiritual. Creo que todos tenemos solo un alma gemela, pero no sé por qué las creó Dios. En toda mi vida solo he conocido dos parejas de almas gemelas, y yo misma amaba a mi esposo Joe, pero sé que él no era mi alma gemela.

Voy a contarles una historia triste de almas gemelas. Unos años atrás, conocí a un hombre soltero, que estaba ya en sus setenta. Hablamos de la vida y el amor y me contó que de joven había estado muy enamorado. Me mostró una vieja fotografía suya en blanco y negro, en la que lucía bien parecido, bailando con una chica muy atractiva, con el cabello hasta los hombros, en un salón de baile de la época. Cuando me mostró la foto, fue como si los ángeles que lo rodeaban la hubieran iluminado y vuelto a la vida; fue maravilloso ver a la enamorada pareja bailando muy juntos y percibir el amor que se profesaban.

El señor me contó que la chica también lo amaba pero había rechazado su propuesta de matrimonio y se había casado con otro. Me dijo que nunca le había contado a nadie la razón que ella le había dado para rechazarlo. En la familia de él había una enfermedad genética por lo cual existía la posibilidad de que los hijos que ellos tuvieran fueran discapacitados. Mientras me lo contaba había tres ángeles consolándolo y reconfortándolo. Él me dijo que había salido con otras mujeres pero jamás se había vuelto a enamorar de la misma manera.

Mientras hablaba, le pregunté a uno de los ángeles que lo acompañaban si esa mujer había sido su alma gemela. El ángel asintió con la cabeza y yo sentí mucha pena. Era una lástima; porque encontrarse el alma gemela y enamorarse de ella es algo que ocurre muy pocas veces y fue muy triste saber que ella no quiso pasar su vida con él para bien o para mal. No le dije, por supuesto, que ella era de hecho su alma gemela porque le habría roto el corazón por completo.

Tu alma gemela puede ser del mismo sexo que tú, puede

nacer con cien años de diferencia o nacer al otro lado del mundo o puede ser un niño con una grave discapacidad que viva solo unos años.

Si solo te dedicas a buscar tu alma gemela, es posible que pases de largo sin ver el amor.

El amor es precioso, pero no es perfecto. Las personas no son perfectas. Sophie podía haber perdido una valiosa relación con Anthony por querer que él fuera perfecto. Todos tenemos que aprender que nadie es perfecto, incluidos nosotros mismos. Aunque lograras encontrar tu alma gemela, él o ella no serían perfectos. He conocido muchos hombres y mujeres ya en sus cincuenta que me cuentan que amaron a alguien, pero porque a sus ojos esa persona no era perfecta, no están juntos ahora. Ahora están buscando el amor, pero muchos de ellos no se dan cuenta de que ya lo tuvieron.

El amor no es solo risas y felicidad. Como todo en la vida, tiene sus altibajos. Sé que el amor hace sufrir, he experimentado ese sufrimiento, como todo el que ha amado de veras. Si no nos hiciera sufrir, no creceríamos en el amor. Para lidiar con ese sufrimiento se requiere fuerza y compasión, todo lo cual puede unir más a las personas y fortalecer su amor.

Cuando estoy firmando libros, me encuentro hombres y mujeres de todas las edades que me solicitan pedir a los ángeles ayuda para que conozcan alguien a quien amar y con quien formar una familia. En una de esas firmas de libros, un hombre que ya estaba en sus treinta pidió eso. Me reí y le conté que en cada sesión de firmas por lo menos diez mujeres, muchas de ellas de su edad y muy lindas, buscan lo mismo.

Pero también le pregunté:

—¿Saludaste o le hablaste a alguna persona en la fila mientras esperabas para verme?

Él había esperado unas cuatro horas. Me dijo que era muy tímido.

Las personas que desean encontrar compañeros no deben dejar escapar las oportunidades que se les presenten de entablar conversación, de conocer a alguien. A todo el mundo le da miedo y se siente nervioso, pero pídanle a su ángel de la guarda que les ayude. Sea cual sea la edad que tengan, nunca es demasiado tarde.

Los ángeles nos ayudan a conocer otras personas. Lo veo a menudo. Recientemente, en una cafetería, vi a los ángeles trabajar duro para ayudar a que dos estudiantes se conocieran. Él era un muchacho alto y buen mozo, de unos veinte años que yo había visto varias veces allí tomando café solo. Un día, un ángel me contó que él esperaba encontrarse con una jovencita que acostumbraba a venir con sus amigas. Pocos días después, los ángeles me señalaron una chica bonita de largos cabellos oscuros, que charlaba con sus amigas. El muchacho estaba en otra mesa solo y aunque ocasionalmente la miraba no hizo nada por saludarla. Una semana más tarde volví al café y el muchacho y la chica con sus amigas también estaban allí. Vi que un ángel que estaba con él le susurraba algo al oído y supe que estaba dándole ánimo. Finalmente el muchacho se levantó y fue hasta donde la chica y sus amigas a preguntar si podía tomar prestada el azúcar. En su mesa, otro ángel me sonrió de oreja a oreja y señaló una azucarera repleta. El hombre había reunido valor para hacer contacto con una excusa. Mientras él charlaba un poco con las chicas en la mesa de ellas vi a un ángel susurrarle al oído a la chica que a él le gustaba. Ella pareció sentirse un poco cohibida mientras él les hablaba, y las otras chicas hicieron bastante alboroto.

Ese fue un primer paso, y sé que los ángeles continuarán trabajando para reunirlos, indicándoles que vayan a determinados lugares o dándoles ánimo. Si los dos escuchan, hay una posibilidad de que esta relación florezca, pero ellos siempre tendrán el libre albedrío de tomar la decisión de escuchar o no, y decidir si escogen a esa persona o no.

Que los ángeles te ayuden a conocer a alguien no significa que esa persona sea el amor de tu vida. Pueden hacerlo para enseñarte cómo invitar a alguien a salir o qué hacer en una salida, o para ponerte en contacto con otra persona con la que te relaciones románticamente.

Un día en que iba a una entrevista, en Grafton Street, una calle de Dublín, había tragafuegos callejeros mostrando su arte y estaban rodeados por muchas personas. Los ángeles guiaron mi atención hacia una pareja de unos diecisiete años, que estaban allí tomados de la mano. Había muchos ángeles a su alrededor mostrándome el amor que compartían. A ella le estaba costando trabajo ver bien y él se ubicó detrás de ella y le abrió camino por entre la gente para que pudiera ver mejor. Los ángeles me mostraban que él le estaba dando prelación. Más tarde volví a verlos caminando, tomados de la mano y tuve que sonreír porque esta vez, los ángeles habían atado un fino hilo de luz alrededor de la cintura de ambos. Un ángel que iba detrás del muchacho me miró un momento y luego le susurró algo a él, que entonces soltó la mano de la chica y le pasó el brazo acercándola más a sí mismo. Cuando lo hizo el hilo pareció ajustarse un poco alrededor de ellos dos, pero aún seguía estando flojo. El ángel se volvió a mirarme y sin palabras me dijo:

—Lorna, este hilo de luz es para mantenerlos juntos mientras ellos aprenden sobre el amor.

No veo muy a menudo el fino hilo de luz, pero es algo que los ángeles usan para ayudar a la gente a aprender más del amor, en particular a la gente joven. El hilo los acerca un poco más pero no está apretado, aún sigue flojo. En esta forma es más probable que ellos permanezcan juntos y aprendan más sobre la experiencia del amor romántico. He visto este hilo fino enrollado alrededor de jóvenes parejas durante varias semanas, incluso meses. No estoy muy segura de por qué los ángeles atan a una joven pareja y no a otra. Me parece que debe ser porque uno o los dos integrantes de la pareja necesita un poco más de apoyo y ayuda mientras aprenden del amor. Sé que no implica que ellos dos vayan a permanecer juntos por siempre ni nada por el estilo.

Ocasionalmente, veo ese fino hilo de luz dorado alrededor de una pareja mayor, como si los estuviera ayudando con lecciones de amor que no hubieran aprendido antes o hubieran olvidado. A veces si se trata de una pareja mayor, los ángeles me dicen que uno de los dos se está enamorando por primera vez y el hilo es para ayudar a darle ánimo. Nunca nadie está demasiado viejo para amar románticamente.

A veces veo ángeles de amor con parejas homosexuales. Hace poco, vi unos rodeando a dos muchachos jóvenes que iban por la calle. No iban tomados de la mano ni nada por el estilo, pero los ángeles de amor me dijeron que ellos eran pareja y eran muy felices. Fue un placer verlos. Para algunas personas es difícil aceptar que Dios y los ángeles aprueben el amor romántico entre dos hombres o dos mujeres. Lo único que puedo decir es que a menudo yo veo ángeles de amor con ellos.

Los ángeles de amor trabajan duro con las parejas que han pasado juntas bastante tiempo. El amor romántico no es un lecho de rosas y demanda mucho esfuerzo. Son muy pocas las relaciones o matrimonios que no tienen épocas difíciles. Cuando una pareja está pasando por una crisis así, veo a los ángeles del amor envolviendo con un chal de amor los hombros de cada uno para tratar de aliviar el dolor y las heridas, y ayudarlos a ver las cosas buenas de su pareja, a reconocer lo que tienen juntos. Ese chal es muy liviano, parece de seda, no se ve pesado como una cobija, y se acomoda perfectamente a nuestros hombros.

Cuando alguno de los dos integrantes de una pareja empieza a buscar pelea, o a remover viejas heridas, trata de quitarse de encima ese chal de amor, y los ángeles se ven a gatas para mantenerlo envuelto alrededor de la pareja. He conocido parejas con las que los ángeles de amor llevan años de trabajo constante para mantener la paz. Y los veo continuamente envolviendo con un chal de amor los hombros de esas parejas.

La mayoría de las parejas que se conocen y se enamoran creen que deben envejecer juntos, pero eso no siempre ocurre. A veces, en uno de los dos se muere el amor que sentía por el otro. Otras, el amor les dura muy poco tiempo. Y por difícil que sea entenderlo, los ángeles me dicen que algunas parejas no nacieron para estar juntas toda la vida. Pero el amor romántico es algo tan especial y precioso que debemos apreciarlo el tiempo que dure.

A veces una persona se equivoca y después de años de estar en su relación se da cuenta de que esa sociedad no está bien, que no aman a la persona lo suficiente como para compartir su vida con ella. El amor dentro de esa persona ha muerto y eso lleva a una separación, aunque su pareja todavía sienta un gran amor. Esto ocurre porque solo somos humanos, y es durísimo para todas las personas involucradas.

Le he preguntado a Dios y los ángeles por qué todos los matrimonios no pueden ser hechos para siempre, pero no se me ha dado respuesta. Sin embargo, se me ha dicho que cuando los matrimonios son para siempre, la única forma de que se separen es cuando uno de sus integrantes vuelve a casa al Cielo.

El amor es precioso e incluso si solo lo tienes por muy poco tiempo es maravilloso. Los ángeles me dicen que cuando una pareja rompe lo mejor es recordar ese amor y no permitir que surja amargura ni odio. Sé que esto es increíblemente difícil de hacer. Pídanle ayuda a su ángel de la guarda.

Conocí una mujer que me contó que estaba pasando por un divorcio terrible, muy amargo y estresante. Le sugerí pedir ayuda a su ángel de la guarda y también que él se la pidiera al ángel de la guarda del esposo. Cuando nos encontramos meses más tarde ella me dijo que el proceso de divorcio seguía, igual que las dificultades sobre la casa y el dinero, pero que había habido un gran cambio. Ahora nos podemos sentar y discutir las cosas y no parecemos estar tratando de herirnos cada vez que hablamos, y me pidió darles gracias a Dios y a los ángeles por haber facilitado las cosas.

A veces las personas se confunden y piensan que los hijos también deben tomar parte en el divorcio. Un divorcio no tiene nada que ver con los hijos. Tiene todo que ver con la pareja. Sé de padres que usan a los hijos como armas en contra del otro. Lo hacen porque la pérdida del amor les está doliendo tanto. Ellos no quieren hacerles daño a sus hijos, pero se lo hacen. Por más tentador que parezca, arrastrar a los niños hasta la línea de fuego cruzado es algo completamente errado. Pidan al ángel de la guarda de cada uno de ustedes que les ayude a no hacer eso. Recuerden que sus hijos (cualquiera que sea su edad) fueron pequeñas almas en el Cielo antes de nacer y escogerlos a ustedes como sus padres, aun sabiendo que habría una separación o divorcio.

Muchos de nosotros nos estancamos y nuestra relación se vuelve rutinaria. No valoramos el amor, nos dejamos absorber por el día a día y olvidamos avivar el fuego del amor romántico. Necesitas mantener conscientemente la luz del amor ardiendo en tu interior. ¡Los pequeños gestos importan! Así que recuerda decir cumplidos, sacar tiempo para una cena especial de celebración. El amor de ustedes es muy valioso. De nuevo, pídanle al ángel de la guarda de cada uno de ustedes que deje entrar a los ángeles de amor a ayudarles.

Veo a los ángeles aconsejando a las parejas, en particular a parejas que ya pasaron los primeros años de su amor, que tengan gestos románticos todo el tiempo. En cierta ocasión atravesaba yo el parque de Kilkenny Castle y vi una pareja de mediana edad sentados en una banca. Estaban lejos uno de otro y no se hablaban. Un ángel que estaba con la mujer me dijo que ella no se sentía amada y pensaba que él no la valoraba. Vi que un ángel de amor le susurraba algo al hombre, quien pocos minutos después se levantó. No quería mirarlos mucho para que no se dieran cuenta de que los estaba observando, pero poco después miré atrás y lo vi ofreciéndole a ella un ramo de margaritas que había arrancado del prado. La cara de ella se iluminó de placer. Los ángeles nos ayudan a traer el romance a nuestras vidas, todo lo que debemos hacer es pedir, escuchar y luego actuar sobre lo que se nos ha dicho.

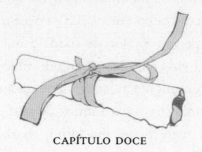

CAPÍTULO DOCE

Eres más que cualquier ángel

VEO ÁNGELES FÍSICAMENTE TODOS LOS DÍAS, Y ELLOS son muy hermosos. Pero tú tienes un alma, que es mucho más bella que cualquier ángel. Todos y cada uno de nosotros los seres humanos, sea cual sea nuestra religión o creencia, somos hijos de Dios. Dios nos amó tanto a todos que a cada uno nos dio una chispa de Él mismo. Esa chispa de la luz de Dios es nuestra alma.

En algunas ocasiones, he tenido el privilegio de que se me permita ver un alma humana. Siempre que veo el alma de alguien me siento maravillada porque las almas son increíblemente hermosas. A decir verdad, creo que son indescriptibles y no encuentro palabras para expresar su belleza.

Porque tenemos almas que son a imagen y semejanza de Dios somos más que cualquier ángel.

Hace más o menos un año, estaba visitando a mi madre que vive sola en el campo. Ahora ella ya tiene más de ochenta. Desde que empecé a hablar de todo lo que había estado viendo toda mi vida, ella ha aprendido mucho más acerca de mí y asistió encantada al lanzamiento de mi primer libro.

Esta vez Mamá y yo nos fuimos de compras, luego almorzamos y de regreso, nos quedamos charlando en la sala de su casa. Más tarde, fui a la cocina a preparar té y el Ángel Hosus golpeó en la ventana antes de acercarse a mí.

—Dios quiere mostrarte algo muy especial —me dijo—. Ve y echa un vistazo en la sala.

Sin hacer ruido, me asomé a la puerta que estaba abierta de par en par y miré. Mi madre estaba profundamente dormida en su silla junto al fuego.

—Se ve tan plácida ahí dormida —le dije sin palabras al Ángel Hosus. Él me respondió que siguiera mirando. Mientras miraba a mi madre pensando cuánto la amaba, recibí una gran sorpresa.

Vi la luz de su ángel de la guarda volverse sumamente brillante y al mismo tiempo, el alma de mi madre se incorporó y salió de su cuerpo. Su alma resplandecía y brillaba tanto, que era muchas veces más radiante que la luz de su ángel de la guarda o la de cualquier ángel. La luz de un alma es perfecta y clara como el cristal; no hay en el mundo una luz que se parezca a la luz de un alma en ninguna forma, ni siquiera la luz del diamante más grande y más brillante, porque el alma es iluminada por la luz de Dios. Me han preguntado si cuando se me muestra un alma, la luz me lastima los ojos. Extrañamente, no parece afectarlos en nada.

El contorno y la forma eran los del cuerpo de mi madre pero más grandes. Dentro de esa forma brillante y bellísima, clara como el cristal, vi la imagen del cuerpo humano de mi madre. Pero era un cuerpo perfectamente joven, no el cuerpo desvencijado y anciano que dormía en la silla.

Fue increíblemente hermoso ver el reflejo de mi madre luciendo tan joven y tan perfecta en todo aspecto. El alma de mi madre giró y me miró. Me conmovió profundamente lo que se me estaba mostrando.

Creo que ese día se me permitió ver el alma de mi madre simplemente porque yo lo había pedido. Muchos años antes se me había mostrado el alma de mi padre cuando él estaba muriendo, y siempre había rezado y esperado que también un día se me mostrara el alma de mi madre.

Tu alma llena todos los rincones de tu cuerpo. No hay parte de tu cuerpo que no esté iluminada por su luz. Es difícil explicarlo, tu alma es diminuta pero a la vez gigantesca. Tu espíritu es una chispa de la luz de Dios y es perfecto e increíblemente hermoso.

No se me permite ver el alma de todo el mundo. En toda mi vida tal vez habré visto unos centenares de almas, y se me han dado visiones fugaces de otras miles, en las que el alma se ha salido ligeramente del cuerpo. Siempre me siento profundamente conmovida y honrada cuando se me permite tener una visión así sea fugaz de un alma, porque es un gran privilegio.

Creo que se me han mostrado las almas para que pueda compartir esa información con los demás, y así ayudar a las personas a convencerse de que tienen un alma. Me han preguntado cómo sé yo que todo el mundo tiene un alma. Mi respuesta, que probablemente no sea la más satisfactoria, es que veo un ángel de la guarda con cada persona; ese ángel de la guarda es el que guarda las puertas de tu alma y Dios no te daría un ángel de la guarda si no tú no tuvieras un alma.

Mi fe es muy fuerte. Me ha ayudado, por supuesto, el que todo el tiempo se me haya permitido ver ángeles físicamente y a veces ver almas. Y aunque no pueda probárselos a ustedes, yo sé que cada una de las personas tiene un alma.

Porque tenemos almas que son a imagen y semejanza de Dios somos más que cualquier ángel. Los ángeles son creados por Dios pero no tienen alma. Nosotros somos los hijos de Dios.

A los ángeles les encanta estar cerca a nosotros porque cada uno de nosotros posee un alma. Cuando los ángeles están con nosotros, imperfectos como creamos que somos, ellos están en presencia de la luz de Dios. Nosotros encarnamos a Dios.

Para mí eso es increíble. Nada más piensen un poco. Dios nos amó tanto a todos y cada uno de nosotros que nos ha dado una parte de Sí mismo. No creo que nosotros los humanos realmente hayamos captado la maravilla que es esto.

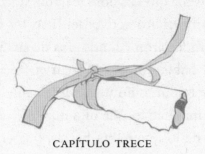

CAPÍTULO TRECE

El amor vence al odio

SI TODO EL MUNDO PUDIERA VER COMO YO LA BELLEZA del alma humana, no habría odio ni homicidios ni guerras. Cuando veo el alma de otra persona, siento un amor infinito. Ese amor puede vencer al odio si tan solo se lo permitimos.

A mediados de la década de 1990, antes de que Megan naciera, algunas personas de Irlanda del Norte empezaron a llegar a las puertas de nuestra casita en Maynooth. Nunca supe quién las enviaba, siempre digo que era Dios quien lo hacía.

Recuerdo que una de ellas fue un hombre de unos treinta y cinco años al que llamaré Paul, quien se sentó en la mesa de la cocina a hablarme. Me contó con voz muy entrecortada algunas de las cosas que él había hecho, como plantar bombas que mataron personas. Cuando le avergonzaba mucho decirme las cosas, los ángeles que estaban con él completaban los detalles, que eran realmente espantosos. Me contó que había aprendido a odiar a los protestantes siendo muy joven y que ese odio le había sido inculcado por su tío, que era miembro activo del IRA. La furia y el odio de Paul se recrudecieron cuando dos de sus primos fueron muertos. Paul había empezado a llevar mensajes para el IRA desde que era un niño y ya adolescente pasó a ejercer un terrorismo más activo. Me dijo que solo ahora se estaba dando cuenta de lo que había hecho, que era como si sus ojos apenas se abrieran, y que en realidad no entendía la razón del odio profundo que sentía por los protestantes. Me contó que un amigo muy cercano había muerto en un accidente automovilístico y eso parecía haberle mostrado la inutilidad de las vidas perdidas, como la de una persona joven que muere antes de tiempo.

Paul me dijo que había venido a verme solamente porque su tía, quien me había visitado antes, había insistido en que lo hiciera. Yo recordaba a la tía, una mujer muy delgada, a quien las preocupaciones habían envejecido prematuramente. Había perdido hijos en el conflicto conocido como los *Troubles* o "Problemas", y la carcomía la preocupación de quién sería el próximo en perder la vida en ese conflicto. Fue su amor el que me envió a Paul y él vino porque sabía que ella lo amaba.

Paul me dijo que quería que todo acabara, le asqueaba pensar en todo el dolor y la destrucción que había causado. No quería ser la misma persona. No quería, me dijo, más pesadillas y tampoco más lágrimas. Quería mi ayuda y la de los ángeles.

Los ángeles me indicaron que le dijera que tendría que trabajar para vencer su deseo de dar golpe por golpe, de cobrar venganza. Que debía pedirle a su ángel de la guarda que lo ayudara a contenerse y que él tenía la fortaleza para lograrlo. También le dije a Paul, sin embargo, que eso tomaría tiempo, y que durante casi toda su vida tendría que trabajar duro para vencer el odio que su tío le había inculcado. Le dije que cuando sintiera el deseo de dar golpe por golpe pidiera ayuda a su ángel de la guarda y recordara todo el daño y dolor que había experimentado cuando los miembros de su propia familia fueron muertos; él debía entender que los demás experimentaban los mismos sentimientos.

Le dije que la venganza es un círculo sin fin que hay que detener. Él tenía que ayudar a acabar con el deseo de venganza, en su propio interior y también en quienes lo rodeaban, particularmente en aquellos más jóvenes que él. Le dije que la paz en Irlanda del Norte es muy importante, que los ángeles me habían dicho que Irlanda del Norte es una piedra angular de la paz en todo el mundo, que está supuesta a servir de ejemplo para otras áreas del globo azotadas por la violencia y los conflictos armados. Que si Irlanda podía hacerlo, otros países también podrían.

Después de ese día, recé por Paul a menudo y también por toda la gente involucrada en el conflicto de Irlanda del Norte. Recé por que el amor pudiera vencer al odio.

Algunos años más tarde, volví a encontrarme con Paul. Se me acercó en Henry Street, una calle de Dublín, y dijo "¿Se acuerda de mí?". Inicialmente no lo reconocí pero cuando sonrió y mencionó lo de vencer al odio, lo recordé. Se veía diferente, menos atormentado y estresado. Antes, parecía que podría perder los estribos muy fácilmente. Ahora lucía más calmado y sereno. Me dijo que todavía estaba trabajando para vencer su propio odio y que trabajaba con otros apoyando el proceso de paz de Irlanda del Norte. Hablando con él ese día caí en cuenta de lo inteligente que era y de cuánto podría haber hecho con su vida si no le hubieran inculcado ese odio. Pero ya estaba trabajando para hacer algo bueno de su vida, y aportarlo a su comunidad.

Mi hija Ruth estaba conmigo, así que charlamos muy brevemente. Mientras se alejaba, les pregunté a los ángeles si Paul estaba logrando vencer el odio y me respondieron que sí.

A veces pensamos que el odio solo tiene que ver con cosas grandes como la guerra o el terrorismo pero todos tenemos la capacidad de dejar entrar el odio a nuestras vidas y permitir que envenene las relaciones entre familias, amigos, compañeros de trabajo y comunidades.

Así es como el que yo llamo "el otro bando" se mete en nuestras vidas. El mal existe. Lo que llamo "el diablo", por haber crecido dentro de la tradición cristiana, realmente existe. Y cada fe tiene un nombre para esta fuerza del mal. Quisiera poder decirles que no existe, pero existe, y si lo dejamos entrar a nuestras vidas explotará al máximo las debilidades y los sentimientos negativos que alberguemos en nuestro interior. Esto ocurre en forma muy simple y con las cosas más pequeñas. La mayoría de nosotros ni siquiera se da cuenta de que está ocurriendo, hasta que nos hacemos mala sangre por algo o porque de alguna manera nos han hecho daño. Puede ser que envidies que un hermano tenga más dinero que tú o que hayan ascendido a un colega o que te ofendas por lo que consideras un insulto. Podemos considerar muy rápidamente que cualquier cosa es una agresión o que somos víctimas de ella.

Todos tenemos la capacidad para sentirnos ofendidos o querer vengarnos de alguien. Todos necesitamos aprender a reconocer esa tendencia en nosotros mismos, a detenerla cuando vemos sus señales y a pedir ayuda a nuestro ángel de la guarda. Debemos pedir ayuda para no devolver golpe por golpe, y en cambio de eso devolver el amor a la relación. No estoy hablando de amor en el sentido de amor romántico ni del amor que sentimos por la familia; estoy hablando del poder del amor que todos llevamos en nuestro interior. Este poder del amor es lo que percibo con tanta fuerza y claridad cuando se me permite ver el alma de alguna persona. Si usáramos más ese poder del amor, nuestras vidas serían mucho más fáciles y nuestro mundo un lugar mucho mejor.

Las familias pueden ser lugares llenos de amor, pero es asombroso lo rápido que el odio puede crecer en medio de ellas. Alguna vez, una mujer vino a hablarme de su familia. Era una familia grande con una gran empresa familiar de la cual formaban parte varios hermanos y hermanas. En los buenos tiempos, cuando todo iba bien, los hermanos habían aceptado que uno de ellos tomara las decisiones y obtuviera una tajada más grande del pastel. Pero cuando empezaron a ir mal las cosas, eso cambió por completo. A raíz de unas malas decisiones la compañía perdió dinero y algunos de los hermanos y hermanas empezaron a tener dificultades económicas. Las tensiones crecieron durante un año o más. Así que el odio y la amargura fueron apoderándose de la familia. No podían estar juntos en una misma habitación y mucho menos hablarse unos a otros.

Dos miembros de la familia vinieron a verme, una de las hermanas involucradas en la empresa, y una tía. Me dijeron que ya no soportaban tanta amargura y recriminaciones y deseaban ponerles fin. El amor las había llevado hasta mí en busca de ayuda.

Un ángel que estaba con las dos mujeres me dijo:

—Diles que es muy importante reunir a toda la familia para sentarse y hablar. Solo deben estar hermanas y hermanos y sus maridos y esposas. Sin los hijos. Es importante que se reúnan en un sitio neutral, no en sus oficinas y tampoco en una casa. Sugiéreles otro lugar, como un hotel, un sitio donde no puedan levantar la voz. Tendrán que ayudarlos para que no interrumpan y conseguir que escuchen para que puedan empezar a entenderse unos a otros. Deben asegurarse de que ninguno se levante y se vaya de la mesa.

Les dije exactamente lo que el ángel me había dicho. La hermana protestó diciendo que eso sería muy difícil y no estaba segura de poder lograrlo. El ángel respondió:

—Deberán trabajar duro para conseguir que la reunión se realice, pero sé que tendrán éxito porque las dos se han unido. Deben hacer su mejor esfuerzo para tratar de ver más allá de los retos, que son puentes y ellas van a cruzarlos. Necesitan hacerle saber a los demás que los aman y los extrañan e inculcar en ellos la confianza de que si todos trabajan juntos todos saldrán de esta racha.

Les dije que rezaría por ellas y que debían pedir ayuda a sus ángeles de la guarda.

Ellas llevaron a cabo la reunión. Ese fue solo el principio. Dos años más tarde, toda la familia sigue hablándose. No siempre ha sido fácil para ellos, pero ahora todos están mucho más conscientes de que estuvieron a punto de perderse unos a otros. Han perdido buena parte de su fortuna pero siguen en la lucha por sanear sus finanzas. La empresa familiar es mucho más pequeña ahora de lo que era originalmente, pero la familia sigue unida. La última vez que supe de la tía, me dijo que la familia se había reunido para celebrar un bautizo. Ahora ellos se daban cuenta de que durante los tiempos difíciles, una reunión así habría sido imposible. Aunque tienen menos dinero, ahora aprecian mucho más la importancia de tenerse unos a otros y la alegría que la familia puede brindar.

A menudo la clave para que el amor venza al odio está en tener el coraje de dar el primer paso.

Estaba en Dublín, en Bewleys Grafton Street, disfrutando de una taza de café y un panecillo, cuando entró una mujer de unos cuarenta años, muy bien vestida. Pude ver que dos ángeles iban con ella, y también la luz de su ángel de la guarda. Ella se detuvo cerca de mí, como si hubiera visto algo, y la vi mirar hacia las mesas junto a la pared donde había gente sentada y desviar la mirada. Sin palabras, le pregunté al ángel qué pasaba.

—Ella está acongojada —fue lo único que dijo.

La mujer siguió caminando pero se detuvo junto a las escaleras, pero después de un momento se devolvió. El ángel que iba con ella me dijo:

—Es muy valiente. Tiene mucho temor de ser rechazada.

No me dijo más. Ella se detuvo junto a una mesa en la que dos jóvenes, hombre y mujer, estaban sentados. Pude ver claramente a la chica pero estaba muy lejos para oír la conversación. La mujer se paró junto a la mesa y no dijo nada, la chica levantó la mirada y una mirada de horror cruzó por su cara. Vi que un ángel le estaba hablando al oído.

Estaba observándolas cuando la mujer extendió su mano para saludarla. La joven suavizó su gesto, se relajó un poco y le sonrió levemente. No le estrechó la mano pero se levantó a saludarla. La mujer retiró la mano que había extendido. El ángel que estaba con ella me dijo que las dos no se habían hablado en un largo tiempo, pero que la mujer había sentido el amor que siempre había tenido por la joven cuando la vio allí y que escuchando al ángel había superado su temor a ser rechazada. Ellas charlaron unos minutos y vi reavivarse el amor entre ambas. Parecía que las barreras entre ellas dos estaban desapareciendo. Cuando la mujer se alejaba, miró hacia atrás y vi que la joven le decía adiós con la mano. Creo que la mujer iba en shock cuando salió del café.

Le pregunté silenciosamente al ángel que la acompañaba si las cosas se arreglarían entre las dos, si se volverían a encontrar, y me respondió que sí, que este había sido solo el principio.

No estoy diciendo que sea fácil. De hecho, permitir que el amor venza al odio es de lo más difícil que se nos puede pedir que hagamos en esta vida. Podemos sentirnos tan heridos y vulnerables que eso nos lleve a pensar que si "aflojamos" y no devolvemos el golpe estamos cediendo y fallándonos a nosotros mismos. La persona que permite que el amor venza al odio no es débil: es muy fuerte y es un faro de esperanza para todos nosotros.

Es fácil abrirle paso al otro bando y devolver el golpe. Es mucho más difícil detenerse y resistirse a buscar venganza. Debemos empezar por cosas pequeñas, callándonos el comentario hiriente, no repitiendo un chisme, no gozando con la desgracia de otro. Al aprender a controlar las cosas pequeñas nos fortalecemos y eso nos vuelve mucho más capaces de resistir las acciones que conduzcan al odio y el daño.

Pídele a tu ángel de la guarda que te ayude. Él te hablará al oído y cuando tengas ganas de devolver el golpe te recordará que no debes hacerlo. De ninguna manera será fácil. Posiblemente debas morderte la lengua. Sé que a mí por lo menos, me cuesta hacerlo, y mi ángel de la guarda debe recordármelo constantemente. Pero tú eres mucho más fuerte de lo que crees, y el poder del amor que hay dentro de ti es enorme.

Cuando no escuches a tu ángel de la guarda te sentirás culpable. Tu ángel de la guarda quiere que seas feliz y sabe que en tu interior serás más feliz si aprendes a vencer el odio, así que hará lo posible por enseñarte. Tu ángel de la guarda seguirá fastidiándote para que no cedas al odio y te ayudará a aprender nuevas y más bondadosas maneras de ser. Este es un proceso continuo y el amor es llamado para vencer al odio una y otra vez, y muchas veces, entre unas mismas personas.

Conozco una familia con muchos hijos, dos de los cuales discuten por todo. Estos adolescentes abandonaron la escuela sin terminar y no encuentran trabajo por la difícil situación económica. Viven en la casa y se sienten inadecuados e inútiles. Todo el tiempo se buscan pelea mutuamente y las riñas son frecuentes entre ellos, unas veces verbales y otras a golpes.

La semana pasada tuvieron una pelea terrible y uno de los chicos se fue de la casa. Su madre y hermanas salieron a buscarlo. Les angustiaba y preocupaba no saber dónde estaba ni qué podría hacerse a sí mismo o a otros, llevado por el dolor y la desesperación. Estaban tan preocupadas que llamaron a la policía. A las cuatro de la madrugada, después de una búsqueda frenética, lo encontraron y lo llevaron a casa.

El alivio de su hermano al verlo, fue grande. Se había sentido aterrado pensando en lo que su riña podría haber provocado y que realmente habría podido perder a su hermano. Ambos hicieron las paces. El amor venció al odio, por el momento.

Sé que esos chicos volverán a pelear pero espero que el ejemplo del amor que sus hermanas y su madre les mostraron al buscar al otro sin cejar en su empeño, ayudará a que crezca el amor que existe entre todos ellos. Lo único que puedo hacer es seguir rezando por que los chicos encuentren trabajo y se liberen de algunas de sus frustraciones. Sé que los dos son buenos muchachos y los ángeles me dicen que ambos están tratando de no dejar entrar al odio y de no ceder ante la frustración que están experimentando.

 La persona que permite que el amor venza al odio no es débil. Él o ella es muy fuerte y es un faro de esperanza para todos nosotros.

Los ángeles ayudan a que en lo posible, el amor venza al odio. Ellos dan las oportunidades pero muchas veces las dejamos pasar. La mujer del Bewleys Café aprovechó la oportunidad que se le ofreció.

Sin embargo, a veces los ángeles también necesitan de nuestra ayuda. En ocasiones somos nosotros los llamados a ser conciliadores y es importante que aprovechemos esas oportunidades y recordemos que se nos llama para conciliar y no para tomar partido. No es empresa fácil. Es muy difícil mantenerse objetivo y afectuoso cuando se está entre dos bandos, cada uno lleno de odio y de furia contra el otro.

Recuerdo, hace ya muchos años, haber visto en acción a los ángeles y a un conciliador. Joe y yo estábamos en Dublín con los niños, que todavía eran muy pequeños, en Meath Street, una calle muy concurrida con puestos de mercado en los que se venden frutas, verduras y todo tipo de cosas. Acabábamos de salir de Frawley's, la vieja tienda por departamentos, y estábamos mirando las vitrinas cuando empezaron los gritos y rugidos. Eran dos mujeres, una de ellas vendedora callejera, que se estaban insultando un poco más adelante en la misma calle. Yo estaba impactada por el lenguaje que estaban usando delante de los niños y parecía que ellas ya fueran a llegar a los golpes. Todo el mundo se detuvo a mirar, y vi a los ángeles que las rodeaban tratando de mantener la paz. De pronto, apareció de la nada una tercera mujer que parecía conocer a las dos primeras y se paró entre ellas, que seguían maldiciendo y gritando palabras soeces pero finalmente se callaron. No tengo ni idea de qué les dijo esa mujer, pero ella fue la conciliadora que los ángeles trajeron para ayudar. Los ángeles las rodearon a todas y minutos después la tercera mujer se fue con una de las que había estado peleando. El amor había vencido al odio, esta vez gracias a la intervención de una conciliadora.

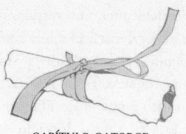

CAPÍTULO CATORCE

Los ángeles nos secan las lágrimas

HACE UNOS AÑOS, ESTUVE VISITANDO A UNA AMIGA en el hospital. Fui al baño y cuando volví al pabellón mi ángel de la guarda me dijo que mirara la cama a mi derecha. En esa cama dormía un anciano. Su ángel de la guarda se había abierto y se aferraba tiernamente al alma del hombre anciano. A la cabecera de la cama, el ángel de la guarda, de apariencia masculina, poco a poco sacaba del cuerpo el alma de ese hombre. El alma resplandecía. El ángel de la guarda me dijo sin palabras que le quedaba poco tiempo de vida. De pie junto a la cama, con una profunda tristeza reflejada en la cara, estaba un joven de unos veinticinco años. Creo que era su nieto.

Me senté junto a la cama de mi amiga, al otro lado del pabellón, miré al joven tratando de no llamar su atención y pedí ayuda para él. Estaba solo allí de pie, sin moverse. Una de las veces que lo miré, vi que la luz de su ángel de la guarda se abría. El ángel era enorme y su apariencia no era masculina ni femenina. Sus vestiduras eran de tonos muy claros dorados y verdes. El ángel abrazó al joven con gran ternura y amor, tratando de aliviar su profundo dolor.

En algún momento, me dirigí al dispensador de agua fría para llenarle un vaso a mi amiga. El muchacho seguía allí, inmóvil, mirando a su abuelo dormido en la cama. Pude ver que el ángel de la guarda del abuelo aún sostenía el alma. Cuando me devolvía, vi al ángel de la guarda del muchacho levantando la mano derecha frente a su corazón y una luz que empezó a irradiar de la mano del ángel al pecho del muchacho. Girando su mano lentamente, el ángel volteó hacia mí y me habló sin palabras.

—Lorna, estoy iluminando un poco la desolación que este joven está sintiendo en su corazón. Trato de ayudarlo a sobrellevar la pena que siente por su abuelo.

Había otros dos ángeles, uno a cada lado del muchacho, mirándolo mientras lo sostenían. Altos y elegantes, de apariencia femenina, estos ángeles iban vestidos de azul pálido con un toque de plata, y apenas alcancé a percibir un movimiento de alas. Le agradecí al ángel de la guarda que hubiera permitido que los otros ángeles acompañaran al muchacho en su duelo. No lo vi salir, solo sé que más tarde, cuando alcé la mirada, ya se había ido.

Cuando estén con alguien que aman y sepan que le queda poco tiempo, mírenlo con atención y confíen en que su ángel de la guarda está sosteniéndolo y cuidándolo y lo llevará sano y salvo a casa, al Cielo.

El duelo es algo de lo que pocos nos libramos. Forma

parte del amor y es muy doloroso. Nuestros ángeles de la guarda tratan de aliviárnoslo un poco.

Quise mucho a mi suegra, y aunque parezca extraño, la verdad es que nunca la llamé por ningún nombre. Se llamaba Liz, pero no recuerdo haberle dicho un nombre cuando estaba con ella; siempre me refería a ella como la mamá de Joe. Usualmente la visitábamos más o menos una vez al mes y los niños (murió antes de que Megan naciera) la amaban.

Una noche estaba yo sola en la cocina, preparando la cena, cuando el Ángel Hosus tocó a la puerta. Nos sentamos a hablar en la mesa de la cocina.

—Lorna, empezarás a hacer un duelo —dijo Hosus.

Le pregunté conmocionada:

—¿Por quién?

Él replicó calladamente:

—La madre de Joe.

—Pero ella está bien —protesté aterrada.

Hosus me miró con amor.

—Dios se la llevará pronto, Lorna.

Cuando el Ángel Hosus dijo esas palabras sentí una tristeza profunda. Él me tomó de la mano.

—No estés triste, Lorna. Sabes que solo muere su cuerpo. Su alma vive, y ella volverá a casa al Cielo, y un día la verás de nuevo. Vas a empezar tu duelo por ella apenas me vaya, Lorna.

Cuando Hosus se fue, lloré y lloré sentada en la mesa. Ella había sido una mujer tan bondadosa y tan afectuosa y siempre me había aceptado como pocas personas lo habían hecho. Nos había apoyado mucho cuando Joe y yo nos comprometimos y realmente me acogió en su familia.

Nunca le dije a nadie lo afligida que estaba, ni a Joe, ni a nadie. Lloraba mucho, pero jamás delante de alguien. A nadie le dije que estaba de duelo. ¿Cómo decirle a alguien lo que Hosus me había dicho? Cada vez que estaba con ella, yo le sonreía y le demostraba todo el amor que podía, pero en el fondo me preguntaba si esa sería la última vez que la viera.

Sabía que tras este duelo había algo más que la madre de Joe. Amaba a mi suegra, pero ella ya estaba anciana y no era parte fundamental de mi vida. Ni siquiera la veía todas las semanas. No entendía por qué era tan fuerte el dolor que me causaba este duelo, ni por qué lo estaba sintiendo antes de que ella se enfermara siquiera. Más adelante, sabría por los ángeles por qué me estaba ocurriendo esto.

La salud de la madre de Joe se deterioró como Hosus me había dicho que sucedería y cerca de un mes después de que yo empecé el proceso del duelo, ella fue internada en un hospital. Estuvo allí unas seis semanas hasta que murió. En uno de sus primeros días en el hospital, fui con Joe a visitarla. Cuando entré al pabellón, vi a su ángel de la guarda exactamente detrás de ella, tomando su alma y levantándola hacia adelante con gran amor. El alma solo estaba parcialmente fuera de su cuerpo, pero pude ver el esplendor de su luz. Las alas del ángel de la guarda estaban un poco abiertas y se curvaban protectoras para rodearla. Cada vez que la visité después de esta primera ocasión, su ángel de la guarda había levantado un poco más su alma para retirarla del cuerpo.

En su último día, la pasaron a otro pabellón. Apenas entré, pude ver que su alma estaba completamente fuera del cuerpo y su ángel de la guarda la sostenía desde atrás todo el tiempo, pues cuando alguien se está muriendo, su ángel de la guarda no suelta su alma ni un instante. Siempre que veo un ángel de la guarda a punto de acompañar un alma al Cielo, la apariencia física del ángel cambia. El ángel de la guarda de la mamá de Joe mostraba una apariencia menos humana y parecía ser menos sólido, menos denso. Era como si se hubiera despojado de sus vestiduras para dejarlas aquí en la tierra a fin de irse más puro al Cielo. Aunque sus facciones humanas ya estaban menos marcadas, yo podía ver el amor y la compasión que sentía por la madre de Joe este ángel que se preparaba para llevar su alma de regreso a casa.

Llevar un alma de vuelta al Cielo es uno de los momentos más gozosos para un ángel de la guarda, y yo podía percibir el increíble júbilo que irradiaba del ángel de la guarda de la madre de Joe.

El ángel de la guarda de la mamá de Joe era muy hermoso, pero el alma de ella era mucho, muchísimo más hermosa. Resplandecía con la luz que irradiaba y por un momento se me permitió ver una forma humana en su interior, que estaba de frente a su ángel de la guarda, pero luego giró y miró directamente hacia mí. Lucía mucho más joven de lo que era cuando yo la conocí, probablemente se veía como cuando tenía veinte años, pero mucho más radiante.

La respiración de la mamá de Joe se había vuelto muy laboriosa pero su ángel de la guarda me dijo que ya no sentía dolor. Me senté allí al lado de la cama, sosteniendo su mano, con Joe y su tío junto a mí. No tenía idea de cuánto faltaría para que se fuera al Cielo, pero sabía que no sería mucho. Como una hora después, me incliné y le dije al oído que la amaba y en ese momento sentí que su alma se comunicaba conmigo sin palabras. Me dijo que me llevara a Joe para que no estuviera allí cuando ella muriera. Así lo hice y le sugerí a Joe que fuéramos a comer algo, y dejamos a su tío al pie de la cama del hospital.

Volvimos una hora más tarde. Ya dentro del hospital, camino del pabellón, vi que el lugar estaba abarrotado de ángeles y supe que ella se había ido al Cielo.

Joe quedó desolado por la muerte de su madre. Él la quería muchísimo. Su padre había muerto cuando tenía apenas catorce años, así que durante buena parte de su vida solo la había tenido a ella. Después de que la madre de Joe murió, caí en cuenta de que el duelo ya no era tan doloroso para mí como lo había sido antes. Y empecé a preguntarme por qué.

Meses más tarde, el Ángel Hosus me lo explicó un poco. Me dijo que ellos me habían ayudado a hacer ese duelo para que mi duelo por Joe fuera un poco menos intenso. Ya sabía, por supuesto, que Joe moriría joven, porque el Ángel Elías me lo había dicho muchos años atrás; y de hecho Joe jamás tuvo buena salud. Pero yo no tenía ni idea de cuándo sería llamado al Cielo. El Ángel Hosus me dijo que Dios y los ángeles me estaban ayudando a prepararme al permitir que experimentara una pena tan intensa y profunda y entendiera al mismo tiempo que yo sobreviviría. Eso me dio el coraje y la confianza para saber que eventualmente la superaría.

Unos años después, cuando Joe murió, el dolor que experimenté fue desgarrador. Como he dicho, los ángeles me habían advertido que el duelo por la muerte de la mamá de Joe había sido en parte para prepararme, pero a decir verdad, no estoy segura de que nadie pueda prepararse para la muerte de un ser querido. Ellos también me dijeron que el dolor por mi suegra aminoraría el dolor que sentí cuando Joe se murió. Pero lo cierto es que mi aflicción fue tan arrolladora que no me explico cómo habría podido ser mayor.

Sin embargo, la superé. Los ángeles nunca permitieron que me rindiera. Me dieron la fuerza para ayudarme a que, eventualmente, pudiera seguir adelante. Pero me tomó tiempo, y fue muy doloroso. Después de la muerte de Joe, durante años, yo experimentaría un dolor terrible, sobre todo en los eventos familiares como cumpleaños o confirmaciones. Ahora, más de diez años después, ya pasó el duelo, pero aún lo extraño.

Mientras escribía todo esto, he preguntado por qué sentí tanto dolor antes y no después de que muriera la mamá de Joe, y por qué necesitaba sentirlo tan intensamente seis años antes de que Joe muriera. Sin embargo, los ángeles no me han dado una respuesta.

Nos aflige la pérdida de alguien que amamos porque ya no está aquí con nosotros físicamente. En medio del dolor y la desesperanza, debemos aferrarnos a la certeza de que nuestro ser querido tenía un alma que vive por siempre y se ha ido al Cielo, y de que algún día nos encontraremos de nuevo con nuestros seres queridos. Los ángeles nos ayudan a superar nuestro dolor, a seguir adelante con nuestra vida aunque hayamos perdido a alguien precioso para nosotros.

Mucho antes de que yo empezara a escribir, una mujer llamada Maura que acostumbraba a visitarme, me contó una linda historia de cómo la habían reconfortado los ángeles en la Navidad siguiente a la muerte de su esposo. La Navidad puede ser una época triste para la gente que ha perdido a un ser querido. Esa Navidad, Maura estaba en su cocina lavando los platos y recordando los buenos tiempos cuando estaban todos juntos, ella, su esposo y sus hijos. Los cumpleaños, los bautizos, pero particularmente las Navidades. Ahora, ya todos sus hijos habían crecido, pero seguían muy cercanos a ella. Aunque tenía una familia maravillosa, eso no llenaba el vacío y la soledad que sentía porque extrañaba al hombre que tanto había amado. Se estaba sintiendo tan triste y tan sola que había lágrimas en sus ojos cuando rogó, "Solo dame una señal. Enséñame que realmente estás ahí, que no te has ido del todo".

Actuando como por instinto, dejó los platos en el fregadero y salió de la cocina al jardín. La temperatura era baja y cambiante, y se quedó allí en el frío, mirando a su alrededor y preguntándose si su esposo realmente estaría en el Cielo, y si aún podría estar con ella en espíritu. Miró los árboles y plantas que habían crecido desde que él había muerto y, en ese momento, le pareció a ella, de la nada empezó a nevar.

Maura se rió y, sintiendo la presencia de su esposo, le habló en voz alta.

—Así que me tienes afuera en el jardín, y ahora está empezando a nevar, me estoy congelando y está nevando.

Los copos de nieve seguían cayendo y, sin saber por qué, se sintió atraída por uno de esos copos. No era diferente a los demás que seguían cayendo a su alrededor, pero sintió un impulso muy fuerte de agarrar ese preciso copo de nieve. Maura estiró el brazo y el copo de nieve le cayó en la mano. Lo miró asombrada, pues no se derretía. Pero cuando lo vio más de cerca se dio cuenta de que no era un copo de nieve. Era una pluma, una pluma diminuta no más grande que un copo de nieve. No había pajaritos por ahí. No podía venir de ninguna parte. Cuando tocó la pluma, se le llenaron los ojos de lágrimas y ella dio gracias desde el fondo de su corazón. Dio gracias a Dios y a los ángeles y dio gracias a su muy amado esposo.

Tenemos que aferrarnos a la certeza de que nuestro ser querido tenía un alma que vive por siempre y se ha ido al Cielo, y de que nos encontraremos de nuevo algún día.

Recibir esa pequeña pluma llenó de felicidad el corazón de Maura. Ella supo que era una señal de que su esposo estaba contento en el Cielo, pero seguiría estando con ella cuando quiera que lo necesitara. Le dio la esperanza y la fuerza para hacerle frente al futuro y saber que no estaba sola. Maura siempre había tenido fe, pero esa pluma reavivó su fe y su convicción de que el alma de su esposo estaba en el Cielo. De que volvería a verlo algún día. Se llevó la plumita a su casa muy bien resguardada en su mano, mientras encontraba algo pequeño y especial donde depositaría su preciosa pluma, para tenerla segura y mirarla, sabiendo que su esposo estaba con ella en espíritu y que Dios y Sus ángeles también estaban con ella.

Yo veo ángeles que rodean para reconfortarlas, a personas que están experimentando un duelo. Pero cuando eso nos pasa, a menudo estamos tan consternados, que no percibimos ese consuelo. Trata de recordarte a ti mismo que esos ángeles están ahí contigo. Los ángeles nos darán ánimo, particularmente en momentos como esos, y muchas veces ellos trabajan a través de otras personas que vienen a consolarnos o nos ofrecen palabras de apoyo.

A Maura se le concedió esa señal de Dios y los ángeles para ayudarla a tener el coraje de seguir adelante. Para reavivar su convencimiento de que el alma de su esposo vivirá para siempre, un convencimiento que casi había sido extinguido por el dolor que sentía.

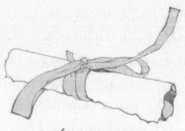

CAPÍTULO QUINCE

Se me han mostrado cosas maravillosas...

EL ÁNGEL MIGUEL ME HA MOSTRADO UN FUTURO en el que todo el mundo ve físicamente a los ángeles, como yo los veo. En el que todo el mundo puede hablarles como yo les hablo. En el que nuestros ángeles de la guarda son nuestros mejores amigos y nosotros escuchamos y seguimos sus consejos.

Siempre he dicho que no sé por qué se me ha permitido ver ángeles físicamente, y no se les ha permitido a ustedes u otras personas. Soy una persona común y corriente y siempre he creído que si yo puedo ver ángeles los demás también pueden verlos. Cuanto más hablo acerca de lo que veo, empiezo a entender que una de las razones por las que se me ha permitido ver ángeles es para que ayude a compartir con ustedes lo que podría ser su futuro, para que les ayude a entender cómo podrían ser nuestras vidas si todos pudiéramos ver a los ángeles y hablarles.

No tengo ni idea de cuánto tiempo nos tomará evolucionar para que todas las personas puedan verlos y hablarles, ni sé cuándo pasará eso ni cuántas generaciones se tomará. Me dan mucho ánimo, sin embargo, las señales que se me muestran de que la gente, particularmente la gente joven, está tomando más consciencia y sé que el ritmo de este desarrollo se está acelerando. Sé que será un proceso evolutivo, del que algunas personas serán más conscientes y podrán ver los ángeles antes que otras. Pero si como humanos que somos tomamos las decisiones correctas, eventualmente todos podremos ver físicamente a nuestros ángeles de la guarda.

Me parece que ahora muchas personas jóvenes, aunque no ven físicamente a los ángeles, están respondiendo mucho más a lo que su ángel de la guarda les dice. Esto no es solo porque los jóvenes siempre hayan sido más abiertos que los adultos, lo digo porque todos los días veo en el comportamiento de los jóvenes de hoy que ellos son más abiertos que los de mi generación.

Ayer estaba en la entrada del supermercado, y un grupo de adolescentes pasó por allí. La luz del ángel de la guarda de una de las chicas se abrió brevemente dejándome ver su apariencia femenina un poco inclinada sobre la chica que estaba guiando, y parecía tener las dos manos sobre los hombros de ella. El ángel de la guarda le susurró algo rápido y luego su luz se cerró. De inmediato, la chica fue y le quitó una de las bolsas que cargaba a otra de las adolescentes. Los ángeles que iban con ella confirmaron que el ángel de la guarda le había pedido ayudar a su amiga y que ella lo había escuchado y respondido al instante. Sé que es un ejemplo muy simple, pero cuando uno escucha a los ángeles todo el tiempo, es muy sencillo hacerlo.

Recientemente, atravesaba un parque lleno de flores y arbustos con grandes capullos en flor. Iba por uno de los caminos y un ángel me susurró que mirara adelante. Había mucha gente por ahí. El ángel me indicó que mirara a un chico de unos ocho años. Observé fascinada mientras el chico jugaba con la energía de las flores. Tocaba la energía del capullo, le metía los dedos y la revolvía. El pequeño reía al sentir en su dedo la cosquilleante vibración de la energía. Pude ver que estaba maravillado pero no tenía idea de lo que veía.

Estaba viendo la energía que yo he visto alrededor de todas las cosas vivientes desde mis tiempos de bebé.

Todos tenemos la capacidad de volvernos más conscientes y abiertos espiritualmente. Esa capacidad es un don que Dios nos ha dado, pero a muchas personas les causa temor. Se necesita coraje para que reconozcamos que Dios existe, que tenemos un alma y un ángel de la guarda que guarda las puertas de esa alma.

Sé por experiencia propia que se necesita coraje. Hasta pasados mis cincuenta años, yo fui muy renuente a hablar de lo que veo y oigo, y raras veces me refería a eso del todo. Temía hacer el ridículo y que se rieran de mí, que la gente dijera que yo estaba loca.

Siempre digo que yo no escogí la época de empezar a contarlo, fue Dios quien lo hizo. Dios escogió este momento porque Él quiere que nosotros apresuremos nuestra evolución espiritual y Él escogió esta época de cambio y de retos en el mundo.

Muchas cosas nos ayudan a abrirnos espiritualmente, a volvernos más conscientes espiritualmente. En este libro he mencionado bastantes de ellas. La oración nos ayuda. También nos ayuda volvernos más conscientes de la presencia de Dios y reconocer que somos más que carne y huesos, que también tenemos un alma. Creer en los ángeles, y pedirles ayuda, nos vuelve más receptivos y sensibles al mensaje de Dios y nos ayuda a acercarnos a Dios. Aprender a ser más consciente de las cosas comunes y corrientes de la vida y apreciarlas, pasando más tiempo en medio de la naturaleza, el silencio o la meditación, también nos ayuda.

Al acercarnos más a Dios nos abrimos espiritualmente. Dios quiere ayudarnos que seamos más conscientes espiritualmente. Eso forma parte de su plan para la evolución de la humanidad.

A medida que nos volvemos más conscientes espiritualmente, nos volvemos más compasivos, más inclinados a ver lo bueno en los demás, y eso nos convierte en personas más bondadosas y amables. Lo que conocemos como "intuición" se fortalece cuando escuchamos más a Dios y los ángeles y aprendemos a responder a lo que se nos dice. Entonces empezamos a ver más la energía que rodea a las personas y seres vivientes y a ver más la belleza de la vida.

En la medida en que nos volvemos más conscientes espiritualmente nos volvemos personas mejores y más realizadas.

Yo rezo todos los días y pido que la gente de todo el

mundo, de todas las religiones, se vuelva más consciente espiritualmente y pierda el temor.

Hace algún tiempo, una chiquilla de once años llamada Suzy me preguntó por la energía que ella estaba viendo. Pude ayudarle a entender más sobre lo que veía y sobre lo que debía buscar en el futuro. Recientemente la encontré de nuevo y había tres ángeles a su alrededor. Tuve que sonreír al ver uno de ellos vestido con el mismo tipo de ropa que usan los chicos, aunque la paleta de colores era muy diferente: los suyos eran tonos plateados y grises y azul marino. Empecé a charlar con Suzy y mientras lo hacía, el ángel vestido como un adolescente no dejaba de decirme, "Ella tiene algo más que decirte. Debes tener paciencia".

Llevábamos unos diez minutos charlando cuando Suzy finalmente dijo lo que tenía en mente:

—Le fallé a Dios y a los ángeles.

Pero los ángeles que estaban con ella lo negaron con la cabeza.

Suzy me explicó que había salido con dos de sus amigas y empezaron a hablar de una rara neblina que estaba saliendo del seto. Dijeron que les parecía muy extraña.

Suzy quiso explicarles que lo que estaban viendo era energía y que ella también podía ver la energía, pero le dio miedo que se burlaran de ella. Estaba muy decepcionada consigo misma por no haber tenido el valor de explicarles lo que estaban viendo.

Yo le sonreí.

—No le fallaste a Dios ni a los ángeles. Tus amigas la verán de nuevo y tendrás otra oportunidad de explicárselos.

Sé que la próxima vez que eso ocurra Suzy tendrá el coraje de hablarles a sus amigas y de contarles lo que ella ve.

El temor es una de las cosas que nos impiden evolucionar espiritualmente. También nos impiden hacerlo la exagerada importancia que damos a las cosas materiales y actuar como si el dinero y las "cosas" fueran todo en la vida. Dejarse atrapar por las actividades del día a día, hacer mucho y creer que el tiempo no nos alcanza, también obstaculizan nuestra evolución. Si no permitimos, aunque sea ocasionalmente, que haya paz y quietud en nuestras vidas, será muy difícil que oigamos a Dios y a sus ángeles.

Escuchar al otro bando, aún en cosas pequeñas, como hacer un comentario antipático o ser egoístas, también obstaculiza el desarrollo espiritual. Satanás, o como quiera que llames al otro bando en tu religión, ciertamente no quiere nuestra evolución espiritual, y cuando lo escuchamos a él en lugar de escuchar a Dios y los ángeles, fortalecemos su intención.

Cada uno de nosotros debe hacer su parte. Todos tenemos una parte que cumplir en la evolución espiritual de la humanidad. Todo el mundo debe ayudar y animar a los demás a que también ellos cumplan su parte. De ahí la importancia de rezar por nuestros líderes, y de que seamos conscientes de ella.

Sentada en la mesa de la cocina me preguntaba qué escribiría en este capítulo final, cuando el Ángel Miguel me tomó de la mano y me enseñó una visión. Desde lo alto de una montaña, vi gran parte de aquella campiña. Allá abajo había miles de personas, hombres, mujeres y niños de todas las edades, formando un gran círculo. Por su apariencia y sus ropas vi que las nacionalidades y religiones de todos eran distintas. El lugar estaba lleno de ángeles que los acompañaban, y supe al verlos allí que todas esas personas podían verlos y hablarles. Además de los ángeles de la guarda y de otros ángeles, un continuo torrente de muchos ángeles de la oración subía al Cielo.

La gente estaba orando. Oraban en voz alta y al parecer en distintos idiomas, pero todos formaban parte de una gran plegaria. Podía oír el murmullo de su plegaria. En el centro, rodeada de ángeles, estaba la persona que dirigía la oración. No pude saber si era hombre o mujer, pero no parecía que esa persona fuera más importante que las otras; simplemente dirigía la oración.

Las personas rezaban en la posición más cómoda para cada una de ellas, algunas estaban de pie, otras sentadas o recostadas en el suelo, y parecía que todas rezaban con el alma y el corazón. Estaban plenamente concentradas en su oración y la disfrutaban.

Había tanta paz en ese lugar y lucía tan radiante, que parecía que una luz brillara desde la tierra bajo sus pies. Las personas brillaban, resplandecían más que cualquier otra cosa que yo hubiera visto antes. Todos lucían perfectos, vibrantes y llenos de vida, incluso los muy ancianos, y nadie parecía estar enfermo ni discapacitado en forma alguna. Desde la altura donde estaba, yo vi un círculo de luz que rodeaba a toda esa gran concurrencia. Más allá de ese círculo, había ondulantes colinas y árboles verdes.

Todo se veía mucho más vivo y vibrante que nuestro mundo hoy en día.

La visión se desvaneció y me encontré de nuevo en la mesa de mi cocina con el Ángel Miguel.

—Me habría encantado quedarme allí. ¿Puedo volver? —le pregunté. Él sonrió y sacudió la cabeza. Yo continué—: Eso fue como una visión fugaz del Cielo, pero sé que era la tierra, no el Cielo.

El Ángel Miguel me contestó:

—Ese es el futuro de la humanidad, si así lo escoge. Si toma las decisiones correctas y crece espiritualmente.

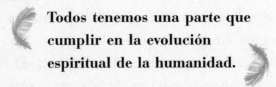

Todos tenemos una parte que cumplir en la evolución espiritual de la humanidad.

El Ángel de la Esperanza apareció brevemente a mi lado, llenándome de esperanza por este brillante futuro para la humanidad y me dio el coraje y la fuerza para saber que nosotros *podemos* tomar las decisiones correctas para construir ese mundo maravilloso.

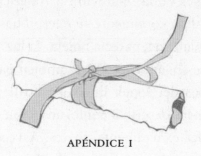

Un mensaje de esperanza para América

Caminaba con mi hija por el Phoenix Park, en Dublín, un parque muy grande, bellísimo, en el que hay ciervos silvestres, un zoológico y también las residencias del Presidente de Irlanda y el Embajador de los Estados Unidos, cuando vi un ángel de la migración a América.

El ángel salió de una zona boscosa del parque y se detuvo junto a una familia que disfrutaba el buen tiempo. Pude ver la luz de los ángeles de la guarda detrás de los padres y sus cuatro hijos. Los dos menores tal vez de seis y ocho años, jugaban con un perro tirándole una pelota y también había ángeles jugando con ellos. Los dos mayores tendrían unos trece y quince años y mientras yo los miraba, el ángel de la migración a América se les había acercado hasta cierta distancia, como si los estuviera cuidando.

Tan pronto lo vi, supe exactamente de qué ángel se trataba. Los ángeles de la migración a América son inconfundibles, porque ellos son muy diferentes a los demás ángeles. Este ángel era de apariencia masculina y parecía muy fuerte. Más alto que los ángeles de la guarda, iba vestido como todos los ángeles de la migración a América, con una armadura que cubría totalmente su cuerpo hasta los pies. La armadura era plateada, parecía reflejar la luz y aunque daba la impresión de ser impenetrable, también parecía fluir con los movimientos del ángel. En su pecho llevaba algo que solo se me ocurre describir como un emblema. Nunca he podido entender exactamente qué es. A veces veo alas en algunos ángeles de la migración a América, pero a éste no se le veían. El ángel tenía cabellos muy oscuros un poco ondulados, ceñidos por un cintillo más o menos de una pulgada de ancho y del mismo material de su armadura, que parecía desaparecer bajo el pelo que le llegaba hasta los hombros. Su cara reflejaba gentileza y bondad.

Aunque me encontraba a cierta distancia, veía claramente al ángel y la familia. Como madre me sentí triste, pues sabía que esto significaba que los dos adolescentes muy probablemente abandonarían Irlanda para irse a vivir a los Estados Unidos de América.

Mientras seguía mi camino a alguna distancia de la familia, el ángel me habló sin palabras. Me aseguró que no había apuro y que pasarían unos años antes de que los muchachos partieran hacia América. Sabía también que, como siempre sucede, los adolescentes tendrían libre albedrío para decidir si querían ir o no; hay personas que nunca se marchan y otras que se deciden por algún otro país.

Los ángeles de la migración a América integran una poderosa fuerza de ángeles creada por Dios para congregar personas y llevarlas a América. En el futuro de la humanidad, América tiene un papel especial y es por eso que América tiene estos ángeles especiales. Ningún otro país o lugar tiene ángeles de la migración.

No sé exactamente cuándo fueron creados por Dios, pero creo que antes de que Cristóbal Colón llegara a América, ya llevaban mucho tiempo trabajando. A diferencia de la mayoría de los ángeles, los ángeles de migración a América se quedan en la tierra todo el tiempo. Una vez que han llevado a alguien hasta América, ellos se van a otra parte para acompañar a otro emigrante. Los ángeles de la guarda solo guardan a una sola persona durante toda la eternidad, los ángeles de la migración a América congregan muchas personas individualmente, y algunas veces a varias personas a un mismo tiempo.

Vi mi primer ángel de la migración a América cuando tenía unos seis años, cerca a mi casa en Dublín. En el transcurso de los años seguí viéndolos en Irlanda, pero ahora que viajo tanto, los veo en cada país que visito. Sin embargo, nunca veo muchos de ellos. Recientemente, en Finlandia, observé a varios ángeles de la migración a América alrededor de una familia que se preparaba para irse a vivir a los Estados Unidos. En el curso de una semana, durante una visita a Nueva York, vi como una docena de ángeles de la migración a América. Estaban con personas de todas las razas y edades. No era claro si estas personas acababan de mudarse a América o eran turistas que más adelante lo harían. Sin embargo, la mayoría de las personas que están en América, aún las recién llegadas al país, no tienen ángeles de la migración a América con ellas, por eso sé que los ángeles no se quedan mucho tiempo con las personas después de su arribo.

El pueblo americano está compuesto por personas provenientes de todas partes del mundo, de todas las nacionalidades y religiones. Al casarse entre ellas y mezclarse con las comunidades estas personas han conformado, en esencia, el inicio de una nueva raza.

Desconozco la razón por la cual una persona es congregada por los ángeles de la migración a América. Se me ha dicho que el hecho de ser congregada no significa que esa persona sea superior o mejor que las otras que queden atrás. Solo se me ha dicho que quienes son congregados nacieron para formar parte de la mezcla de esa nueva raza.

Los indios americanos, por supuesto, también son parte de esa mezcla; Dios ya los había puesto allí y su originalidad es parte integrante de esta raza.

Ustedes como americanos fueron congregados. Si sus familias llegaron a América muchas generaciones atrás, o en circunstancias difíciles o terribles, o simplemente llegaron, por ser parte de su migración TÚ tienes un papel que cumplir para hacer de éste un mundo mejor y es importante, por pequeño que te parezca a ti.

Cada vez que yo vengo a América percibo lo diferente del resto del mundo que es este país. Es como si todo en América fuera más exuberante y tuviera más vida. El ambiente que aquí se respira es muy diferente, es cosquilleante y vibra a una frecuencia más alta.

Esa diferencia se origina en el pueblo norteamericano, que parece tener más energía y un deseo mucho más intenso de vivir la vida al máximo. Dios y los ángeles me dicen que la gente norteamericana es más abierta espiritualmente, escucha más, y es más receptiva que la de otras nacionalidades. Se me ha dicho que son personas menos temerosas de su propio lado espiritual o del de aquellos que las rodean.

América es la puerta de acceso al futuro de la humanidad. Se me ha mostrado que esta nueva raza liderará la evolución de la humanidad, evolución en la que América tiene un papel crucial; un papel que todavía no está desempeñando a cabalidad. América está destinada a influir en el mundo. Sin embargo, necesita ganarse el respeto del mundo, y para ello debe hacer lo correcto. En estos tiempos, América no siempre está haciendo lo correcto; ahora mismo está dilapidando su poder. Se supone que la influencia de América sea para bien, una fuerza de paz en el mundo, pero con demasiada frecuencia se ve empañada por intereses que giran alrededor del petróleo, el poder o el dinero. En el interior de América se ha creado una sociedad en la que es muy común encontrar desigualdades profundas y muchos prejuicios.

Todo esto se relaciona con la paz mundial, no con el predominio de América. El papel de América en la creación de un mundo tranquilo, es vital. Pero para jugar ese rol, América debe preocuparse por el resto del mundo, no solo por su propio pedazo de tierra. América debe mostrar su verdadero carácter y asumir el papel que le corresponde en la propagación de la paz, la democracia, la libertad y la justicia. Cuando América lo haga, se ganará el respeto que necesita para influir en el resto del mundo y para liderarlo, y todo esto acelerará el proceso evolutivo que hará del nuestro un mundo mejor.

Hacer lo correcto demandará un tremendo coraje de parte de los líderes de América. Hacerlo implica visión. Implica asumir riesgos que asesores más cautos podrían desaconsejar. Implica que los líderes, y las demás personas, desechen sus temores y no permitan que dinero y poder influyan en la toma de sus decisiones.

Sé que en este momento, a muchos norteamericanos les preocupa el dinero, mantener o conseguir un empleo, mantener un techo sobre sus cabezas y llevar comida a sus mesas. También sé que todas esas preocupaciones a menudo hacen que más personas sientan que la inmigración a América debe ser detenida y que el país debe concentrar toda su energía internamente, para resolver sus propios problemas. Se me ha dicho que este proceso de mejoramiento económico ya ha empezado, pero la economía solo desarrollará plenamente su potencial si América mantiene sus fronteras abiertas y ocupa el lugar que le corresponde, como influencia de bien para el mundo.

Se me ha dicho que América saldrá de su deterioro económico. Se me ha mostrado una economía en crecimiento, sólida, que no está basada en la codicia y falsas promesas. Una economía en la que la mayoría de las personas tienen empleo, ganan un salario decoroso y donde las temibles desigualdades de riqueza que actualmente existen, están considerablemente reducidas.

En Nueva York, cuando el Imán empezó a entrevistarme en la Iglesia Episcopal de San Bartolomé de Park Avenue aparecieron en el pasillo, dos al frente y dos al final, cuatro bellísimos ángeles muy grandes. Los ángeles estaban de pie en las bancas, sobre los asientos, aunque la iglesia se veía atiborrada y todas las bancas estaban ocupadas.

Los ángeles eran dorados y brillaban. Parecían hechos de puro oro macizo y reflejaban la luz del sol. Eran altísimos, con alas exquisitamente delgadas que parecían alargarse hacia arriba como si no existiera el techo de la capilla. Las alas eran tan finas que me escuché a mí misma preguntando si el ala de un ángel podría romperse. Se me dijo que no, por supuesto. Cada uno de estos cuatro ángeles llevaba un báculo alto y dorado, en su mano izquierda.

Vi que uno de los ángeles levantaba lentamente su mano derecha y los otros tres hacían lo mismo. A la altura del pecho, el ángel extendió la mano, con la palma hacia arriba, y de la palma pareció surgir un velo muy fino, que se elevó por el aire hasta formar un dosel sobre la gente. Era un dosel increíblemente leve y de un blanco radiante. Cuando rezamos todos juntos, el velo pareció henchirse suavemente.

Este fue un evento inter-religioso al que yo, católica irlandesa, había sido invitada para ser entrevistada sobre los ángeles, por un Imán musulmán norteamericano, en una iglesia episcopal con un responso a cargo de un miembro afroamericano de la iglesia bautista. La dimensión de esta asamblea de tantas religiones era incrementada por la presencia de norteamericanos judíos, budistas, hindúes, cristianos y musulmanes.

La capilla estaba repleta de ángeles que celebraban el acontecimiento con gran alegría, atiborrada por esta maravillosa congregación de distintas religiones. Los ángeles me dijeron que todas las personas que estaban bajo el velo habían sido escogidas para estar allí, y ellas habían escuchado y venido. Entré en un estado tan jubiloso, que me parecía que mi alma saltaba, y todavía no me explico cómo logré mantener la compostura.

Los ángeles me dijeron que la gente había venido con el corazón abierto y había derribado sus barreras. Habían venido a escuchar, a rezar y celebrar, no a justificar su propia religión o sostener que fuera superior. No vinieron tratando de convertir a otros a su fe, vinieron todos juntos y de corazón puro para alabar a Dios y hablar de Él.

He estado en otros eventos en otras partes del mundo que guardan entre ellos muchas similitudes, pero los ángeles me han dicho que todos eran, de hecho, muy diferentes. Ellos dijeron que a todos esos eventos las personas habían ido como representantes de su propia religión, y que venían en parte para justificar su religión, o incluso para convertir a los otros.

La mayoría traía una agenda, más que el deseo de simplemente reunirse en oración.

América es diferente.

Las personas de todas las religiones se han reunido en América procedentes de todo el mundo. Los padres fundadores vinieron acá porque deseaban crear un mundo nuevo. Un mundo donde las personas fueran libres, libres de vivir en igualdad y justicia, y libres de practicar su religión. Los ángeles me han explicado que el mundo que los padres fundadores se proponían crear era uno de libertad de cultos, en el que las distintas religiones se practicaran codo a codo, al interior de comunidades entremezcladas. Sin embargo, esa visión no llegó a ser realidad, pues las personas no escucharon. En términos generales, las personas sí eran libres de practicar su religión, pero religiones y comunidades fueron segregadas. En lugar de un mundo en el que las religiones se practicaran unas al lado de las otras, se levantaron muros entre las distintas religiones. Esos muros entre religiones, separaron vecinos y con el tiempo la gente de las distintas religiones empezó a temer a las de los otros y a competir entre ellas. Al mismo tiempo las religiones se dividieron y fragmentaron en grupos más pequeños que a veces competían entre ellos mismos.

No debería existir competencia por Dios. Se me ha dicho que todos y cada uno de los sitios de oración deben abrirles sus puertas a todos, que a todas las personas se les debe dar la bienvenida para que oren en todos los lugares sagrados, y que todas las religiones deben ayudar a los necesitados, sea cual fuere su fe. La religión no tiene nada que ver con el ego, y los lugares de oración no deben tener nada que ver con el poder o el dinero. Los grupos religiosos deben dejar de querer convertir a la gente. El reto más grande de la religión es ponerle fin a la gente que piensa que su congregación religiosa es mejor que cualquier otra.

Necesitamos empezar a rezar juntos. Se me ha dicho que rezar juntos es la piedra angular en la creación de un mundo pacífico. Durante demasiado tiempo las diferencias religiosas han sido causa de discordia y de guerras. Los norteamericanos del común que recen juntos permitirán que las personas de religiones distintas se conozcan y entiendan unas con otras. Eso les ayudará a perder el temor que se tienen y también a ver cuánto tienen en común y a volverse amigos.

Que personas de diferentes religiones se reúnan para rezar no debe suceder una sola vez o en una sola ocasión especial. Esto debe ser una parte rutinaria y normal de la vida de las personas, además de rezar junto con su propio grupo religioso.

Se me ha dicho que el primer lugar en el que grandes cantidades de personas de distintas religiones pueden empezar a rezar juntas con regularidad es América. Esa es una de las razones por las que los ángeles de congregación americana han estado trayendo gente de todas las religiones a este país. Parte del destino de América es ayudar a reunir todas las religiones bajo una sola sombrilla. América servirá de modelo de conducta, y será un faro de esperanza para el mundo. Desde América esta forma de orar se esparcirá por todo el globo, ayudando a unir los pueblos y construir la paz del mundo.

Después de horas de viaje en un tren, finalmente llegamos a Washington. Íbamos a reunirnos con alguien de la Universidad de Georgetown, y yo esperaba afuera del baño de damas en Union Station con el equipaje, mientras Jean, mi amiga y agente, entró a la estación. La estación de trenes estaba repleta de gente, y cada persona tenía la luz de su ángel de la guarda detrás de ella, pero también había muchísimos ángeles más. Conmigo estaban varios ángeles, entre ellos, el Ángel Hosus. Dos chicas gemelas idénticas que parecían tener unos seis años, pasaron junto a mí con sus padres, y en ese momento sus ángeles de la guarda se abrieron. Uno tenía apariencia masculina, el otro no parecía masculino ni femenino. Lo que ambos tenían en común era el puro amor incondicional por las niñas que estaban guardando.

La luz del ángel de la guarda detrás de una señora anciana se abrió, y en ese preciso momento, otro ángel apareció junto a ella susurrándole mientras ella se abría paso entre la gente. Sabía que el ángel de la guarda de la señora había llamado a otro ángel para que la ayudara a viajar tranquila. Su ángel de la guarda me dijo que a ella le preocupaba encontrar un asiento en el tren, y yo sabía que ese ángel de la guarda y el otro ángel harían todo lo posible porque ella lo lograra. Si era necesario, ellos le susurrarían a alguien para suavizar su corazón de manera que le ofreciera a la señora su propio asiento.

El Ángel Hosus me dijo que buscara a alguien, pero yo todavía no sabía quién era. Observé un niño que se bajó de la escalera mecánica delante de mí. Había mucha gente a mi alrededor pero nadie me bloqueaba la visión así que pude verlo perfectamente a corta distancia. Supe de inmediato que era él a quien se me había indicado buscar.

El niño, afroamericano, tenía unos once años, iba prolijamente vestido con jeans y una camiseta oscura, y llevaba el cabello ligeramente largo y bien peinado. El niño iba solo pero se desplazaba con seguridad. Todo en él parecía tan especial y lleno de vida; el carisma parecía fluir de él, me sorprendió que otras personas no se detuvieran a mirarlo también.

Quedé casi abrumada por la energía que pude ver a su alrededor. Jamás había conocido a alguien rodeado por una energía tan vibrante, profunda y de un color azul zafiro tan bello. Esa preciosa energía era amplia y en su interior titilaban chispas de luz como estrellas. Se extendía hasta casi tocar a su ángel de la guarda, que era mucho más alto que él. Su ángel de la guarda era de apariencia masculina con un enorme poder y fortaleza. Estaba vestido con una armadura pero se movía junto al niño con amor y ternura.

Cuando el ángel de la guarda se volteó a mirarme, todo pareció entrar en cámara lenta y mientras observaba al niño escuché al Ángel Hosus susurrándome. Él me explicó que este niño es muy espiritual, está lleno de amor y ya es muy consciente del mundo que lo rodea. Me dijo que al niño le habían sido dados dones de Dios en gran abundancia y que era extremadamente ambicioso. Si al seguir su camino tomaba decisiones correctas, el niño podría llegar a ser un gran líder en cualquiera que fuese el campo que escogiera.

Pero Hosus también me explicó que ese niño tenía libre albedrío, igual que todos nosotros, y que podía ser que también tomara decisiones incorrectas. Me dijo que Dios estaba poniendo en esta vida a personas que ejercieran en él una influencia positiva y ayudaran a guiarlo. Hosus me dijo que debía rezar por él todos los días.

Me quedé mirando las filas de ángeles que seguían al niño y luego todo pareció recuperar la velocidad, de vuelta a la normalidad. Jean llegó y yo dejé de mirar al chico un momento. Cuando miré de nuevo, él ya no estaba. Me sentí desilusionada, pues me habría encantado poder verlo un poco más.

Este niño me llenó de esperanza. Él tiene la capacidad para hacer cosas maravillosas y tener un impacto positivo significativo sobre América. Rezo por él todos los días y los ángeles me han dicho que me será permitido verlo de nuevo.

Recientemente estaba alojada en el piso veinticuatro de un hotel en Times Square. Estaba encantada, asomada a la ventana veía el ajetreo y bullicio de esa calle, ver a los ángeles de la guarda detrás de cada persona y a otros ángeles mezclándose entre ellas. Mientras miraba por la ventana, uno de los ángeles dijo:

—No sigas mirando hacia abajo, Lorna —así que miré a los edificios perfilados contra el horizonte.

Allá, moviéndose por las calles como si fuera un gigante, vi al Ángel de la Esperanza. Solamente podía ver su cabeza y sus hombros por encima de los rascacielos y que llevaba la mano en alto sosteniendo esa antorcha enorme con una llama increíblemente brillante. Como siempre, él parecía ser una llama dentro de otra llama. Mientras avanzaba lentamente, pude ver que constantemente se volteaba y hacía señas de que lo siguieran y mientras lo hacía parecía inclinarse hacia las personas. Su cara estaba llena de amor y compasión. Lo miré caminar durante unos diez minutos, zigzagueando por las calles y alejándose de Times Square.

No sé cómo es que el Ángel de la Esperanza puede ser

tan gigantesco y moverse por entre las calles sin interferir o perturbar a las personas o los edificios, pero puede hacerlo. Hay tantas cosas de los ángeles que ellos me muestran que yo no entiendo.

Donde quiera que veo al Ángel de la Esperanza, usualmente él está haciéndole señas a alguna persona o algún pequeño grupo de personas. Los ángeles que estaban conmigo ese día me contaron que él estaba haciéndole señas a toda la gente en Nueva York, desde las personas que piensan que son muy importantes, hasta el hombre sin hogar dormido a la entrada del *subway*. El ángel se movía entre las personas, haciéndoles señas para que se reavivara la esperanza en el interior de cada una de las personas que estaba en esa ciudad.

Los ángeles me dijeron que el Ángel de la Esperanza estaba allí porque son tantos los norteamericanos que han perdido la esperanza. Me dijeron que muchos de ellos, como tantas otras personas en todo el mundo, están luchando para hacer rendir el dinero y encuentran cada vez más difícil ver un futuro esperanzador para ellos y para sus familias.

El Ángel de la Esperanza estaba allí para reavivar la luz de la esperanza en el interior de cada uno de ellos, para ayudar a que empiecen a vivir plenamente la vida de nuevo, a ver toda la esperanza que hay, y también a darse cuenta de que es mucha.

Me sentí abrumada y fascinada por verlo en esa monumental demostración de esperanza. No había pensado verlo y creo que todas las personas que ese día estaban en Nueva York percibieron al menos una chispa de su esperanza.

Aunque vi al Ángel de la Esperanza en Manhattan, sé que este reavivar de la esperanza fue para toda América; y que me fue dado verlo para que pudiera contárselos a ustedes. Los ángeles me dicen que el Ángel de la Esperanza ha viajado, y sigue viajando por toda América esparciendo esperanza.

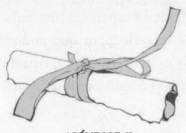

Oraciones de *Un mensaje de esperanza de los ángeles* por Lorna Byrne

Todas estas son oraciones que Dios dio a Sus ángeles para que me las dieran a mí. Dios me ha dado permiso de compartirlas con ustedes y sus seres queridos.

Oración de agradecimiento

Gracias por todas las bendiciones que me has concedido, Dios mío.

La bendición de tener un alma, que es una partícula de tu luz;

La bendición de regalarme un ángel de la guarda por toda la eternidad, que jamás me abandona ni siquiera un segundo;

La bendición de la paz y el amor que viven en mí;

La bendición de la familia que me has dado;

La bendición de los que envías a mi vida para
  acompañarme;
La bendición de vivir en armonía con los que me
  rodean;
La bendición de mi labor, mi trabajo;
La bendición de todas las cosas materiales,
  pequeñas y grandes, que tengo en mi vida;
La bendición de este mundo maravilloso y la
  naturaleza que me rodea.
Gracias, Dios mío, por todas las cosas que olvido
  agradecerte.
Y sobre todo, gracias, Dios mío, por seguir
  bendiciendo mi vida.
Amén.

Oración de tus ángeles
de sanación traída de Dios por Miguel,
tu arcángel

Derramen, Tus ángeles de sanación,
Tu Hostia Celestial sobre mí,
Y sobre aquellos que amo,
Déjame sentir el haz de luz de Tus
ángeles de sanación sobre mí,
La luz de Tus Manos Sanadoras.
Yo permitiré que Tu Sanación empiece,
En cualquier forma que Dios la conceda.
Amén.

Oración para que haya alegría en mi vida

Dios, por favor,
Aparta esta nube oscura de mí.
Báñame con tu luz.
Envía tus ángeles a ayudarme.
Dame el coraje y la fuerza
Para que vuelva a sentir la alegría en mi vida.
Amén.

Oración para tiempos difíciles

Dios,
Derrama la gracia de la esperanza sobre mí y
permite que siempre vea la luz de la esperanza
ardiendo y brillando frente a mí.
Alumbra la oscuridad llenándome de fe y
esperanza y permite que reciba el consuelo de
tu amor.
Dame el coraje y la fuerza para saber que
superaré estos tiempos difíciles.
Lléname de la alegría y la confianza de saber
que soy hijo tuyo y que cuidarás de mí y de
aquellos que amo.
Escucha mi oración.
Amén.

Oración para el perdón y la tranquilidad de espíritu

Dios,
Por favor perdóname por todas mis
  imperfecciones,
Por todo el mal que he hecho.
Dame la gracia de perdonar a aquellos que me
  han lastimado.
Amén.

Oración para el perdón de aquellos que me han lastimado

Querido Dios,
Por favor perdona a aquellos que me han
  lastimado porque yo los he perdonado.
Amén.

Agradecimientos

Mil gracias a Judith Curr, editora de Atria Books, por decir "Sí". Estoy tan contenta de que lo hubiera hecho. Judith es una persona que irradia entusiasmo y amor y me encanta su positivismo; mujer de profunda fe y gran convicción, ella es además una editora brillante. Realmente estoy deseando que trabajemos juntas de nuevo.

También quiero agradecer al brillante equipo de Judith en Atria. En particular a Amy Tannenbaum, con quien es un verdadero placer trabajar, y también a Chris Lloreda, Yona Deshommes, Anne Spieth, Julia Scribner, Johanna Castillo, Paula Amendolara, Gary Urda, Colin Shields, Alysha Bullock, Kimberly Goldstein, y Paul Olsewski. Me encantará poder conocerlos mejor a cada uno de ustedes en los próximos años. Sé que para el momento en que este libro salga al mercado, habrá otras personas en Atria a quienes también habría querido expresar mi agradecimiento; así que, les doy gracias también a ellos desde ahora.

Doy gracias a Dios y a los ángeles todos los días por mi amiga y agente, Jean Callanan. Sin su profesionalismo, empeño, creatividad y capacidad para conectarse con las personas en todas partes del mundo, yo no habría podido lograr nada de esto.

Gracias también a mi editor en el Reino Unido, Mark Booth, de Hodder and Stoughton. Su profunda curiosidad espiritual contribuyó a enriquecer mucho más este libro. Le agradezco que hubiera creído en mí y abrazado la causa de mi mensaje, todo lo cual me ha ayudado a hacer de este libro un *best seller* No. 1 en el *Sunday Times*.

Stefanie Diaz, Directora de Derechos de Autor Internacionales de Sanford J. Greenburger Associates, ¡es toda una estrella! Como mi agente internacional, Stefanie juega un papel fundamental en la difusión de mi mensaje por todo el mundo. Valoro muchísimo su profesionalismo y determinación. Gracias también a Heidi Lange de SJGA, por el permanente ánimo y apoyo que he recibido de su parte.

Como verán en este libro, América tiene un papel especial que cumplir en el mundo. Son muchas las personas, de todas las profesiones y condiciones sociales, que se han prestado para ayudar a difundir este mensaje en América. Mil gracias por haberlo hecho, Jennifer Hill Robenalt, Gary Jansen, Trace Murphy, Sayyeda Mirza-Jafri y Ali Jaffrey, Asa Aarons, Imam Feisal, Daisy Khan, Elizabeth McGuy, John Esposito, Conor Walshe y Anar Vilas, Johanna Laurent, Mary Bradley, Aracely Brown, Alan Steinfeld, Terry Karanikas, Eamonn O'Halloran, Natabara Rollosson, Salil Wilson, Eoin MacHale, Stephen Mallaghan y Suzi Button. A todos ustedes y a todos aquellos que en los Estados

Unidos y en otros lugares también han participado, les doy las gracias.

Finalmente agradezco a cada uno de mis hijos por su paciencia y apoyo. Como ustedes verán en este libro, los hijos escogen a sus padres y por esa razón, hoy y todos los días, yo les doy gracias por haberme escogido para ser su madre.

Acerca de la autora

DESDE EL MOMENTO EN QUE LORNA BYRNE nació en Irlanda en 1953, ella ha estado viendo ángeles y comunicándose con ellos. Los ve físicamente con la misma claridad que los demás vemos a cualquier persona al frente de nosotros.

Lorna ha seguido viendo los ángeles y hablando con ellos durante toda su vida y dice, "Ellos fueron mis maestros, mis amigos, y todavía lo son". Cuando estaba creciendo, los ángeles dijeron a Lorna que no le contara a nadie lo que veía. Ella no lo hizo hasta que escribió el libro *Angels in my Hair* en 2008.

Hoy día, *Angels in my Hair* es un best-seller internacional, traducido a veinticuatro idiomas y publicado en más de cincuenta países. El segundo libro de Lorna, *Stairways to Heaven*, es también un *bestseller* internacional. *Un mensaje de esperanza de los ángeles* es el tercer libro de Lorna.

La abrumadora respuesta de los lectores al mensaje de Lorna, creencias religiosas aparte, es que ella les devuelve la esperanza, ayudándolos a darse cuenta de que a pesar de lo solos que lleguen a sentirse, siempre tienen un ángel de la guarda a su lado.

Lorna es viuda, tiene cuatro hijos y vive plácidamente en la campiña irlandesa.

Para mayor información, visita www.lornabyrne.com.

Para saber más sobre Lorna Byrne, visítala en:
Facebook: facebook.com/lornabyrneangels
Twitter: @LornaByrne
Atria Books/Simon & Schuster **Página del Autor:**
authors.simonandschuster.com/Lorna-Byrne/406432973
Sitio web de la autora: www.lornabyrne.com

Aquí puedes:

- Agregar tus deseos y oraciones al pergamino
de oraciones de Lorna:

> *"Años atrás los ángeles me entregaron un pergamino de
> oraciones y me dijeron que debía tenerlo en la mano cuando
> estuviera rezando y los ángeles me acompañarían a rezar por
> todo lo que contenía.*
>
> *Cuando estoy en estado de oración meditativa, yo tengo
> en mi mano este pergamino espiritual con cada nombre y
> cada solicitud que hay escritos en él y se lo entrego a Dios.*
>
> *Te invito a enviarme tus pensamientos, tus alegrías y
> preocupaciones para que puedan ser incluidas.*
>
> *No podré responder en forma individual a tus notas, pero
> puedes confiar en que me aseguraré de que sean incluidas en
> el pergamino de las oraciones y en las plegarias mías y las
> de los ángeles. Naturalmente no hay costo alguno y todo es
> confidencial".*

—LORNA

- Suscríbite para recibir por correo electrónico el boletín trimestral de Lorna.

- Lee más sobre la sabiduría que los ángeles han transmitido a Lorna.

- Entérate dónde estará hablando Lorna y en qué sitios firmará libros.

- Ve videos y lee entrevistas con Lorna.